军人誓词

我是中国人民解放军军人，
我宣誓：
服从中国共产党的领导，
全心全意为人民服务，
服从命令，忠于职守，
严守纪律，保守秘密，
英勇顽强，不怕牺牲，
苦练杀敌本领，时刻准备战斗，
绝不叛离军队，誓死保卫祖国。

—— 授装时被授装人员誓词 ——

我宣誓：

我要像爱护自己生命一样爱护装备。

严格执行装备管理规定，

正确操作使用和维护装备；

努力学习，刻苦训练，

提高管装、用装本领；

保守装备秘密，

坚决同损害装备的行为作斗争，

确保装备安全。

退役誓词

我是中国人民解放军军人，
即将退出现役，
我宣誓：
服从中国共产党的领导，
忠于祖国，忠于人民，
保守军事秘密，
珍惜军人荣誉，
永葆军人本色，
为军旗增辉，为军队争光。
若有战，召必回！

预备役人员誓词

我是中国人民解放军预备役人员，
我宣誓：
服从中国共产党的领导，
全心全意为人民服务，
服从命令，严守纪律，
刻苦训练，提高本领，
英勇顽强，不怕牺牲，
随时准备应召参战，
誓死保卫祖国。

中国人民解放军内务条令
中国人民解放军纪律条令
中国人民解放军队列条令

中国法治出版社

图书在版编目（CIP）数据

中国人民解放军内务条令　中国人民解放军纪律条令
中国人民解放军队列条令 / 中国法治出版社编. -- 北京：
中国法治出版社，2025. 3. -- ISBN 978-7-5216-5166-9

Ⅰ. E266

中国国家版本馆 CIP 数据核字第 2025MR4029 号

中国人民解放军内务条令　中国人民解放军纪律条令
中国人民解放军队列条令
ZHONGGUO RENMIN JIEFANGJUN NEIWU TIAOLING
ZHONGGUO RENMIN JIEFANGJUN JILÜ TIAOLING
ZHONGGUO RENMIN JIEFANGJUN DUILIE TIAOLING

经销/新华书店
印刷/鸿博睿特（天津）印刷科技有限公司
开本/880 毫米×1230 毫米　64 开　　印张/ 6.25　字数/ 130 千
版次/2025 年 3 月第 1 版　　　　　2025 年 3 月第 1 次印刷

中国法治出版社出版
书号 ISBN 978-7-5216-5166-9　　　　　　定价：25.00 元

北京市西城区西便门西里甲 16 号西便门办公区
邮政编码：100053　　　　　　　　　传真：010-63141600
网址：http：//www.zgfzs.com　　编辑部电话：010-63141673
市场营销部电话：010-63141612　　印务部电话：010-63141606

（如有印装质量问题，请与本社印务部联系。）

目　录

中华人民共和国中央军事委员会命令

军令〔2025〕18 号

《中国人民解放军内务条令》已经 2025 年 2 月 7 日中央军委常务会议通过，现予发布，自 2025 年 4 月 1 日起施行。

主席　习近平

二〇二五年二月十四日

中国人民解放军内务条令

目　　录

第一章　总　　则

第一条　为了规范中国人民解放军的内务制度，加强内务建设，根据《中华人民共和国国防法》等法律，结合军队实际，制定本条令。

第二条　本条令是中国人民解放军内务建设的基本依据，适用于中国人民解放军军人和单位（不含企业事业单位），以及参战和被召集参加军事训练、担负战备勤务、执行非战争军事行动任务的预备役人员。

第三条　中国人民解放军的内务建设，是军队进行各项建设的基础，是巩固和提高战斗力的重要保证。内务建设的基本任务是，使每个军人熟悉并认真履行职责，维护军队良好的内外关系，建立正规的战备、训练、工作、生活秩序，培养优良的作风和严格的纪律，保证军队集中统一和指挥顺畅高效，保证圆满完成任务。

第四条 中国人民解放军是中国共产党缔造和领导的，用马克思列宁主义、毛泽东思想、邓小平理论、"三个代表"重要思想、科学发展观、习近平新时代中国特色社会主义思想武装的人民军队，是中华人民共和国的武装力量，是人民民主专政的坚强柱石。紧紧和人民站在一起，全心全意为人民服务，是这支军队的唯一宗旨。中国人民解放军必须始终不渝保持人民军队的性质，忠于党，忠于社会主义，忠于祖国，忠于人民。中国人民解放军在新时代的使命任务是，为巩固中国共产党领导和社会主义制度，为捍卫国家主权、统一、领土完整，为维护国家海外利益，为促进世界和平与发展，提供战略支撑。

第五条 建设一支听党指挥、能打胜仗、作风优良的人民军队，是党在新时代的强军目标。中国人民解放军的内务建设，必须高举中国特色社会主义伟大旗帜，坚持党的基本理论、基本路线、基本方略，贯彻毛泽东军事思想、邓小平新时期军队建设思想、江泽民国防和军队建设思想、胡锦涛国防和军队建设思想、习近平强军思想，贯彻新时代军事战略方针，不忘初心，牢记使命，坚持走中国特色强军之路，坚持政治建军、改革强军、科技强军、人才强军、依法治军，贯彻军委管总、战区主战、军种主建的总原则，全面加强军队革命化、现代化、正规化建设，构建中国特色现代作战体系，提高有效履行新时代军队使命任务能力，为实现党在新时代的强军目标、把人民军队全面建成世界一流军队提供坚强保证。

第六条　中国人民解放军的内务建设，必须毫不动摇坚持党对军队绝对领导的根本原则和制度，贯彻新时代政治建军方略，深刻领悟"两个确立"的决定性意义，增强"四个意识"、坚定"四个自信"、做到"两个维护"，贯彻军委主席负责制。

中国人民解放军的内务建设，必须坚持党委统一领导，发挥基层党组织战斗堡垒作用和党员先锋模范作用；坚持官兵一致、军民一致、军政一致，坚持政治民主、经济民主、军事民主；发挥政治工作生命线作用，践行社会主义核心价值观，培育当代革命军人核心价值观，培养有灵魂、有本事、有血性、有品德的新时代革命军人，锻造具有铁一般信仰、铁一般信念、铁一般纪律、铁一般担当的过硬部队，确保部队任何时候、任何情况下在思想上、政治上、行动上与党中央、中央军委保持高度一致，确保军队绝对忠诚、绝对纯洁、绝对可靠。

第七条　中国人民解放军的内务建设，必须始终聚焦备战打仗，强化官兵当兵打仗、带兵打仗、练兵打仗思想，牢固树立战斗力这个唯一的根本的标准，按照能打胜仗的要求搞建设抓准备，发扬"一不怕苦、二不怕死"的战斗精神，培养英勇顽强的战斗作风，锻造召之即来、来之能战、战之必胜的精兵劲旅。

第八条　中国人民解放军的内务建设，必须贯彻依法治军战略，依靠全军官兵共同建设法治、厉行法治、维护法治，推动治军方式根本性转变，形成党委依法决策、机关依法指导、部队依法行动、官兵依法履职的良好局面；把依法治军贯彻落实到部队建设的全过程和各方面，构建随时能打胜仗的战备秩序，构建与实战化训练相匹配的训练秩序，构建权责清晰、顺畅高效的工作秩序，构建利于练兵备战、利于作风养成、利于官兵成长的生活秩序。

第九条　中国人民解放军的内务建设，必须坚持守正创新，传承发扬人民军队光荣传统和优良作风，坚持严格要求与热情关心相结合，坚持纪律约束与说服教育相结合，树立现代管理理念，完善管理体系，优化管理流程，提高军队专业化、精细化、科学化管理水平，维护军人合法权益，增强军队的向心力、凝聚力、战斗力。

第十条　各级党委（支部）、首长和机关对本条令的施行负有重要责任，必须按级负责，各司其职，加强检查和监督，认真贯彻落实。

第二章 军人宣誓

第十一条 军人宣誓，是军人对自己肩负的神圣职责和光荣使命的承诺与保证。军人誓词内容如下：

我是中国人民解放军军人，我宣誓：服从中国共产党的领导，全心全意为人民服务，服从命令，忠于职守，严守纪律，保守秘密，英勇顽强，不怕牺牲，苦练杀敌本领，时刻准备战斗，绝不叛离军队，誓死保卫祖国。

第十二条 公民经批准服现役，应当进行军人宣誓，宣誓的基本要求：

（一）宣誓时间不迟于被批准服现役后 90 日；

（二）宣誓地点通常选择具有教育意义的场所；

（三）宣誓前，部队（分队）首长应当对宣誓人进行中国人民解放军性质、宗旨、使命任务等教育；

（四）宣誓应当庄重严肃，着装整齐；将中国人民解放军军旗置于显著位置，没有授予军旗的，可以使用军徽；团级以上单位组织宣誓时，通常迎、送军旗；

（五）宣誓结束后，宣誓人在宣誓名册上签名；宣誓名册按照军队档案管理有关规定存档。宣誓名册由军委训练管理部统一式样和监制。

第十三条　军人宣誓，通常按照下列程序进行：

（一）奏唱《中国人民解放军军歌》；

（二）宣读誓词（由一名领誓人在队前逐句领读誓词，其他人高声复诵）；

（三）宣誓人代表发言；

（四）首长讲话；

（五）奏唱《三大纪律八项注意歌》。

宣誓时，如果迎、送军旗，迎军旗在奏唱《中国人民解放军军歌》前进行，送军旗在奏唱《三大纪律八项注意歌》后进行；如果结合授衔、授装、授旗进行，应当先授衔、授装、授旗，后宣读誓词。

第十四条　部队（分队）组织战前动员、参加重大演训任务、执行非战争军事行动任务，以及组织授装、纪念等活动，可以组织宣誓。

誓词内容由团级以上单位根据任务、环境、人员等情况确定，可以使用军人誓词。其中，授装时被授装人员可以使用下列誓词：

我宣誓：我要像爱护自己生命一样爱护装备。严格执行装备管理规定，正确操作使用和维护装备；努力学习，刻苦训练，提高管装、用装本领；保守装备秘密，坚决同损害装备的行为作斗争，确保装备安全。

宣誓的要求和程序，按照《中国人民解放军队列条令》有关誓师大会、授装等仪式的规定执行。

第十五条　军人退出现役时，通常集体向军旗告别，并进行宣誓。退役誓词内容如下：

我是中国人民解放军军人，即将退出现役，我宣誓：服从中国共产党的领导，忠于祖国，忠于人民，保守军事秘密，珍惜军人荣誉，永葆军人本色，为军旗增辉，为军队争光。若有战，召必回！

宣誓的要求和程序，按照《中国人民解放军队列条令》有关军人退役仪式的规定执行。

第十六条 公民经批准服预备役，应当进行宣誓，宣誓通常在首次参加军事训练期间进行。预备役人员誓词内容如下：

我是中国人民解放军预备役人员，我宣誓：服从中国共产党的领导，全心全意为人民服务，服从命令，严守纪律，刻苦训练，提高本领，英勇顽强，不怕牺牲，随时准备应召参战，誓死保卫祖国。

宣誓的要求和程序，参照本条令第十二条、第十三条的规定执行。

第三章 军人职责

第一节 基本职责

第十七条 义务兵履行下列基本职责：

（一）努力学习马克思列宁主义、毛泽东思想、邓小平理论、"三个代表"重要思想、科学发展观、习近平新时代中国特色社会主义思想，学习党史军史，贯彻党的理论和路线、方针、政策，遵守国家法律法规，执行军队法规制度；

（二）服从命令，听从指挥，英勇顽强，不怕牺牲，时刻准备战斗，坚决完成任务；

（三）刻苦训练，磨砺战斗意志，熟练掌握军事技能，努力提高打赢本领；

（四）熟练操作使用和认真维护装备，使其保持良好的技术状况；

（五）严守纪律，服从管理，尊重领导，

团结同志，拥政爱民，维护军队良好形象；

（六）艰苦奋斗，厉行节约，爱护公物，维护集体荣誉；

（七）积极学习科学技术和文化知识，提高科学文化素养；

（八）遵守安全规定，严格保守国家和军队的秘密。

军队院校生长军官学员，以及其他在入伍训练期间的军人，履行义务兵基本职责。

第十八条 军士除履行义务兵基本职责外，还应当履行下列基本职责：

（一）刻苦钻研专业技术，精通本职业务，发挥骨干作用；

（二）勇挑重担，以身作则，发挥表率作用；

（三）协助军官做好战备训练、教育管理等工作，发挥助手作用；

（四）主动反映情况和问题，发挥纽带作用。

第十九条 军官履行下列基本职责：

（一）深入学习马克思列宁主义、毛泽东

思想、邓小平理论、"三个代表"重要思想、科学发展观、习近平新时代中国特色社会主义思想，学习党史军史，贯彻党的理论和路线、方针、政策，遵守国家法律法规，执行军队法规制度；

（二）服从命令，听从指挥，身先士卒，冲锋在前；

（三）坚持严格训练，精通本职业务，熟练掌握所配备的装备，集中精力研究军事、研究战争、研究打仗，提高打赢本领，坚决完成任务；

（四）忠诚勇敢，敢于担当，清正廉洁；

（五）爱护士兵，尊重下级，团结同志，自觉接受教育管理和监督，处处做好表率；

（六）拥政爱民，维护军队良好形象；

（七）带头遵守安全规定，严格保守国家和军队的秘密，防范事故和案件问题发生。

第二十条 义务兵、军士、军官的专业职责，按照军队有关规定执行。

第二节　主管人员职责

第二十一条　旅（团）长职责

旅（团）长和旅（团）政治委员同为旅（团）首长、同为指挥员，在旅（团）党委的领导下，共同负责全旅（团）的工作。旅（团）长对全旅（团）的军事工作负主要责任，履行下列职责：

（一）了解和掌握全旅（团）情况，根据上级的指示和意图，适时提出军事工作的具体任务和要求，领导部属贯彻执行；

（二）领导全旅（团）的战备工作，指挥全旅（团）完成作战任务；

（三）领导全旅（团）的军事训练，组织旅（团）机关和所属营、连落实规定的训练任务，经常进行督促检查，保证军事训练任务的完成；

（四）教育和带领全旅（团）贯彻执行法规制度，严格管理，遵纪守法，严守秘密，防范各种事故和案件问题发生；

（五）掌握全旅（团）的编制和实力情况，严格执行编制规定；

（六）掌握所属主战装备战术技术性能，组织开展战法研究演练，提高实战运用能力；

（七）教育培养所属官兵，不断提高其军政素质和业务能力；

（八）领导保障工作，提高保障质效，关心部属的物质文化生活，帮助解决实际问题；

（九）领导机关建设，发挥机关的职能作用；

（十）领导全旅（团）完成上级赋予的其他任务。

第二十二条　旅（团）政治委员职责

旅（团）政治委员和旅（团）长同为旅（团）首长、同为指挥员，在旅（团）党委的领导下，共同负责全旅（团）的工作。旅（团）政治委员对全旅（团）的政治工作负主要责任，其职责按照《军队政治工作条例》有关规定执行。

第二十三条　营长职责

营长和政治教导员同为营首长、同为指挥员，在营党委的领导下，共同负责全营的工作。营长对全营的军事工作负主要责任，履行下列职责：

（一）了解和掌握全营情况，根据上级军事工作的指示、计划和要求，制定落实的具体措施，领导部属贯彻执行；

（二）领导全营的战备工作，落实战备规定和措施，指挥全营完成战斗任务；

（三）领导全营的军事训练，组织落实训练计划，保证训练任务的完成；

（四）教育和带领全营贯彻执行法规制度，严格管理，遵纪守法，严守秘密，防范各种事故和案件问题发生；

（五）掌握全营的编制和军事实力，做好人员和装备管理工作；

（六）熟练掌握所属主战装备战术技术性

能，组织开展战法研究演练，提高实战运用能力；

（七）教育培养所属官兵，不断提高其军政素质和业务能力；

（八）做好保障工作，关心部属的物质文化生活，帮助解决实际问题；

（九）领导全营完成上级赋予的其他任务。

第二十四条　政治教导员职责

政治教导员和营长同为营首长、同为指挥员，在营党委的领导下，共同负责全营的工作。政治教导员对全营的政治工作负主要责任，其职责按照《军队政治工作条例》有关规定执行。

第二十五条　连长职责

连长和政治指导员同为连首长、同为指挥员，在连党支部的领导下，共同负责全连的工作。连长对全连的军事工作负主要责任，履行下列职责：

（一）熟悉全连情况，根据上级的指示和要求，结合实际计划安排军事工作，领导部属贯彻执行；

（二）领导全连落实战备规定和措施，指挥全连完成战斗任务；

（三）领导全连的军事训练，组织全连按照计划完成训练任务，提高全连人员的战术技术水平；

（四）教育和带领全连贯彻执行法规制度，严格管理，遵纪守法，严守秘密，防范各种事故和案件问题发生；

（五）掌握全连的编制和军事实力，搞好人员和装备的管理；

（六）教育培养所属官兵，提高骨干组织指挥能力和教育管理能力；

（七）管理全连的经费、物资和伙食；

（八）关心爱护部属，帮助解决实际问题；

（九）领导全连完成上级赋予的其他任务。

第二十六条　政治指导员职责

政治指导员和连长同为连首长、同为指挥员，在连党支部的领导下，共同负责全连的工作。政治指导员对全连的政治工作负主要责任，其职责按照《军队政治工作条例》有关规定执行。

第二十七条　排长职责

排长对全排的工作负完全责任，履行下列职责：

（一）领导全排落实战备规定和措施，培育顽强的战斗精神、战斗作风和战斗意志，指挥全排完成战斗任务；

（二）领导全排完成训练任务，提高全排人员的军政素质；

（三）领导全排遵纪守法，严格执行法规制度，维护正规秩序，养成良好作风；

（四）教育全排爱护装备，严格执行装备的维护、保管和使用规定；

（五）帮助班长、副班长提高组织指挥能力和教育管理能力；

（六）掌握全排人员的思想情况和心理状况，关心爱护士兵，做好经常性思想工作和心理疏导工作，增强团结，保证各项任务的完成；

（七）教育和监督全排严守秘密，落实安全措施，防范各种事故和案件问题发生；

（八）完成上级赋予的其他任务。

第二十八条　班长职责

班长对全班的工作负完全责任，履行下列职责：

（一）带领全班做好战斗准备，培育顽强的战斗精神、战斗作风和战斗意志，指挥全班完成战斗任务；

（二）带领全班完成教育训练任务，提高全班人员的军政素质；

（三）带领全班严格执行法规制度，做到严守纪律、令行禁止、步调一致；

（四）带领全班爱护装备，严格遵守使用规定，熟练掌握装备；

（五）掌握全班人员的思想情况和心理状况，做好经常性思想工作和心理疏导工作，及时化解矛盾问题，搞好全班团结，保持高昂士气；

（六）教育和监督全班严守秘密，落实安全措施，及时发现、报告、排除各类风险隐患和问题苗头；

（七）完成上级赋予的其他任务。

第二十九条 旅、团、营、连的副职领导隶属于本单位军政主官，协助主官工作；在主官临时离开工作岗位时，根据上级或者主官的指定代行主官职责。

副班长隶属于班长，协助班长工作；在班长临时离开工作岗位时，根据上级或者班长的指定代行班长职责。

第三十条 相当于旅、团、营、连、排、班的单位的各类主管人员职责，参照本节有关规定执行。

军队单位各类主管人员职责，本节未作规定的，按照军队有关规定执行。

第四章 内部关系

第一节 军人相互关系

第三十一条 军人不论职位高低，在政治和人格上一律平等，相互间是同志关系。

第三十二条 军人之间依据所任职务和军衔等级、职务层级，构成首长与部属、上级与下级或者同级关系。所任职务构成隶属关系时，职务高的是首长、上级，职务低的是部属、下级，部属的上一级正职首长是直接首长；所任职务未构成隶属关系时，军衔等级高的是上级，军衔等级低的是下级，军衔等级相同的按照职务层级确定上级与下级或者同级关系。

部属、下级必须服从首长、上级。同级之间应当互相尊重，密切配合，团结协作。

第三十三条 首长有权对部属下达命令。命令通常按级下达，情况紧急时也可以越级下达。越级下达命令时，下达命令的首长通常将所下达的命令通知受令者的直接首长。

命令下达后，应当及时检查执行情况；如果情况发生变化，应当及时下达补充命令或者新的命令。

第三十四条　部属对命令必须坚决执行，并将执行情况及时报告首长。如果认为命令有不符合实际情况之处，可以提出建议，但在首长未改变命令时，仍须坚决执行。执行中如果情况发生急剧变化，原命令确实无法继续执行而又来不及或者无法请示报告时，应当根据首长总的意图，以高度负责的精神，积极主动机断行事，坚决完成任务，事后迅速向首长报告。

部属接到越级下达的命令，必须坚决执行。在执行的同时，应当向直接首长报告；因故不能及时报告的，应当在情况允许时迅速补报。

第三十五条　不同单位的军人共同执行任务时，应当服从上级指定的负责人的领导和指挥。

军人在战斗中与上级失去联系时，应当积极设法恢复联系。一时无法恢复的，应当主动接受友邻部队（分队）首长的指挥；如果与友邻也无法联系，应当主动组织起来，按照指挥管理岗位优先的原则，由所任职务、军衔等级或者职务层级高的军人负责指挥。

军人临时到其他单位工作时，应当接受所到单位的领导和管理，并定期向原单位报告情况。

第三十六条 官兵关系是军队内部关系的基础。军官和士兵之间应当按照官兵一致的原则，互相尊重，互相爱护，互相帮助，发扬尊干爱兵、兵兵友爱的优良传统，培养同甘共苦、生死与共的革命情谊，构建团结、友爱、和谐、纯洁的内部关系，同心协力完成任务。

第三十七条 军官对士兵应当做到：

（一）端正对士兵的根本态度，尊重士兵的人格尊严，增进对士兵的感情；

（二）严格依法管理，耐心说服教育，不

打骂体罚和侮辱士兵；

（三）主动开展谈心交心，掌握士兵的思想、学习、工作、家庭等情况，做好一人一事工作；

（四）发扬民主，尊重士兵意见，维护士兵合法权益；

（五）以身作则，公道正派，对待士兵一视同仁，不收受士兵钱物，不侵占士兵利益；

（六）关心士兵的成长进步和身心健康，帮助解决实际问题。

第三十八条　士兵对军官应当做到：

（一）尊重和信赖军官，增进对军官的感情；

（二）理解和支持军官工作，服从领导和管理；

（三）坦诚老实，主动汇报思想，合理表达诉求；

（四）不当面顶撞，不背后议论；

（五）自觉抵制庸俗关系，与军官保持纯

洁的革命情谊;

（六）积极建言献策，主动协助军官做好各项工作。

第二节　军队单位相互关系

第三十九条　各级机关应当在本级首长的领导下，按照职能和分工，密切合作，互相支持，协调一致开展工作。

上级机关应当按照职责和权限，对下级机关的业务工作提出要求，及时通报情况，检查指导工作。下级机关应当按照上级机关的要求完成业务工作，及时向上级机关反映情况、报告工作。

第四十条　没有隶属关系的部队（分队），当驻地、配置地域或者执行任务相邻时，构成友邻关系。

友邻部队（分队）之间，应当相互尊重，相互团结，遇事协商解决；战时应当及时通报情况，积极配合，密切协同。

第四十一条　部队（分队）之间，根据上级命令或者指示，可以构成支援与被支援、配属与被配属等关系。

构成支援与被支援关系的部队（分队），应当从全局出发，严格执行协同计划，协调一致行动。担负支援任务的部队（分队），应当积极支援，坚决完成任务；被支援的部队（分队），应当及时通报情况，积极协同配合。

当部队（分队）配属某一单位时，即与该单位构成临时隶属关系，一切行动应当服从该单位首长的领导和指挥。

部队（分队）到其他单位营区（军港、机场、场区）执行任务时，应当遵守所到单位有关管理要求。

第四十二条　部队（分队）乘舰艇、飞机航运期间，应当遵守乘坐行为守则，听从舰艇、飞机指挥员的指令。

第五章 礼 节

第一节 军队内部的礼节

第四十三条 军人应当有礼节，体现文明素养，促进军队内部的团结友爱和互相尊重。

第四十四条 军人敬礼分为举手礼、注目礼和举枪礼。军人着军服时，通常行举手礼；携带装备或者因伤病残不便行举手礼时，行注目礼。举枪礼仅限于执行阅兵和仪仗任务时使用。

军人着军服戴手套需行举手礼时，戴五指分开制式手套的，可以不脱手套；戴其他手套的，应当先脱手套。

第四十五条 军人之间通常称职务，或者姓加职务，或者职务加同志，或者军衔加同志。首长和上级对部属和下级以及同级间的称呼，可以称姓名或者姓名加同志；下级对上级，可以称首长或者首长加同志。在公共场所或者不知道对方职务时，可以称军衔加同志或者同志。

军人听到首长或者上级呼唤自己时，应当立即答"到"；回答首长问话时，应当自行立正；领受首长口述命令、指示后，应当回答"是"。

第四十六条 军人在下列时机和场合的礼节：

（一）每日第一次遇见首长或者上级时，应当敬礼，首长或者上级应当还礼；

（二）进入首长室内前，应当敲门并喊"报告"，得到允许后进入并敬礼；进入同级或者其他人员室内前，应当敲门，经允许后进入；

（三）在室内，首长或者上级来到时，通常自行起立；

（四）受上级首长接见时，应当向首长敬礼，问候"首长好"；

（五）上级首长到下级单位检查工作离开时，送行人员应当敬礼，上级首长应当还礼；

（六）参加集体活动自我介绍或者被介绍

时，应当敬礼；

（七）同级因事接触时，通常互相敬礼；

（八）营门卫兵对出入营门的分队、首长或者上级应当敬礼，分队带队指挥员、首长或者上级应当还礼；

（九）卫兵交接班时，应当互相敬礼；

（十）纠察人员执行任务需要对人员进行询问、检查时，通常先敬礼再实施；

（十一）登上和离开悬挂军旗的舰艇时，应当在码头舷梯口（跳板口）附近，面向军旗（悬挂军旗方向）立正、敬礼；数艘舰艇并靠时，只在登上第一艘舰艇前和离开最后一艘舰艇后，向军旗敬礼；登上和离开悬挂满旗（代满旗）的舰艇时，应当向悬挂在舰艇主桅的国旗敬礼。

军人两人成列行进遇见首长或者上级时，应当同时敬礼，口令由右侧人员下达。三人以上成路行进遇见首长或者上级时，由排头人员敬礼；有临时带队的，由带队人员敬礼。首长或者上级应当还礼。

第四十七条　军人在下列时机和场合，通常不敬礼：

（一）在实验室、机房、厨房、病房、诊室工作时；

（二）正在操作装备和位于射击、驾驶位置时；

（三）进行文体活动和体力劳动时；

（四）乘坐交通工具、电梯时；

（五）在浴室、洗手间、理发室、餐厅、商店时；

（六）着便服时；

（七）其他不便于敬礼的时机和场合。

第四十八条　分队在下列时机和场合的礼节：

（一）分队在行进间相遇，由带队指挥员互相敬礼；遇见首长或者上级，由带队指挥员敬礼；

（二）分队在停止间，当上级首长来到时，

带队指挥员向分队发出"立正"口令，然后向首长敬礼和报告（报告词示例见附件四）；当上级首长两人以上同时到场时，应当向职务最高的首长敬礼和报告；当职务相当的首长先有一人在场，对后到的首长只由本分队在场职务最高者向其敬礼并报告情况；

（三）未列队的分队，不论在室内室外，当上级首长来到时，由在场职务最高者或者先见者发出"立正"口令（当人员处于坐姿时，应当先发出"起立"口令），并由在场职务最高者向首长敬礼和报告；

（四）分队登上和离开悬挂军旗的舰艇时，所有人员依次向军旗敬礼；登上和离开悬挂满旗（代满旗）的舰艇时，所有人员依次向悬挂在舰艇主桅的国旗敬礼。

第四十九条 分队在下列时机和场合遇见首长时，只由在场职务最高者敬礼：

（一）正在遂行作战、抢险救灾、国防施工等任务时；

（二）演习、实弹射击中和行军休息时；

（三）在修理间、停机坪（机库）、船坞（码头）、车场、炮场、机械场、发射场等处进行作业时；

（四）就餐、进行文体活动和体力劳动时；

（五）其他不便于敬礼并报告的时机和场合。

第二节　对军外人员的礼节

第五十条　军人同党政机关工作人员、人民群众和外宾、外军人员接触时，应当讲文明，有礼貌，遵守下列规定：

（一）进见和遇见党和国家领导人时，应当敬礼；

（二）与地方党政机关领导同志接触时，对比自己职位高的应当敬礼；

（三）礼遇为党、国家和军队建设发展作出杰出贡献的功勋模范人物，以及英烈家属时，应当敬礼；

（四）执行作战和非战争军事行动等重大任务，遇到人民群众欢迎欢送时，可以敬礼；

（五）与外军人员接触或者遇见来队外宾、参加外事活动与外宾交流时，对比自己职位或者军衔等级高的应当敬礼。

第五十一条 分队遇见党和国家领导人，或者有军队首长陪同的外宾和地方党政机关领导同志的礼节，按照本条令第四十八条的规定执行。

第五十二条 本条令有关单个军人和分队不便于敬礼的规定，适用于对军外人员的礼节。

第三节 其他时机和场合的礼节

第五十三条 升国旗时，在场的全体军人应当面向国旗立正，着军服的行举手礼，着便服的行注目礼，不得有损害国旗尊严的行为。

奏唱国歌时，在场的军人应当自行立正，举止庄重，肃立致敬，自始至终跟唱。集会奏唱时，应当统一起立；设立分会场的，奏唱要求与主会场保持一致。

第五十四条　授予军旗、迎送军旗和阅兵时的礼节，按照《中国人民解放军队列条令》有关规定执行。

第五十五条　军人和部队（分队）参加涉外活动或者出国执行任务时，应当遵循有关国际惯例和外事礼仪的规定。

第五十六条　舰艇上的其他礼节和有关仪式，按照《中国人民解放军队列条令》等有关规定执行。

第六章　军容风纪

第一节　着　装

第五十七条　军容风纪是军人的仪表和风貌，是军队作风纪律和战斗力的表现。军人应当配套穿着军服，佩戴军衔、勋表等标志服饰，做到着装整洁庄重、军容严整、规范统一（军服的配套穿着规范见附件五)。

勋表的佩戴办法,按照军队勋表管理有关规定执行。

第五十八条 军队单位季节换装的时间和要求,由驻地警备工作部门统一规定;因特殊情况确需临时改变季节着装的,由团级以上单位确定。

军人跨地区因公出差和执行任务期间,应当按照所到地区季节换装要求着装。

第五十九条 军人参加集体活动的统一着装,由活动组织单位确定。

第六十条 军人工作单位发生变动,需要改变军种着装的,按照军队服装换发有关规定执行。

第六十一条 军队单位和军人不得自制军服,不得购买、使用仿制军服。军人不得变卖、拆改军服,不得擅自将现行装备的制式服装及其标志服饰出借或者赠送给地方单位和人员。

第六十二条 军人在作战、战备、训练、

执勤、执行非战争军事行动任务时，通常着作训服。着作训服的具体类型、时机和场合，由团级以上单位结合实际确定。

着作训服配带武器、战斗装具的相关标准和要求，按照军队有关规定执行。

第六十三条　军人在日常工作、学习、集体生活时，通常着常服。

执行特殊目标和重大活动现场安全保卫任务的军人，不适宜着作训服的，可以着常服。

第六十四条　军官在日常办公、行政会议、检查调研、室内值班等场合，可以着作业服。着作业服的具体时机和场合，由团级以上单位确定。

舰艇、空勤、地勤等专业岗位工作服装的穿着，由军兵种确定。

第六十五条　军官参加下列活动时，应当着礼服：

（一）党中央、国务院、中央军委组织的建党、建军、国庆和纪念抗日战争胜利等重大纪念、庆典活动；

（二）全国性、全军性功勋荣誉表彰颁授仪式；

（三）晋升（授予）军衔仪式；

（四）授予军旗仪式。

军官参加下列活动时，可以着礼服：

（一）团级以上单位组织的功勋荣誉表彰颁授仪式、重大纪念活动；

（二）县级以上地方党政机关举行的重大庆典活动；

（三）外事活动；

（四）其他适宜着礼服的活动。

第六十六条　礼宾服在下列时机和场合穿着：

（一）中国人民解放军仪仗司礼大队官兵执行仪仗司礼任务时；

（二）礼兵执行中央军委组织的外事活动和中央军委确定的其他礼仪任务时；

（三）驻香港部队、驻澳门部队礼兵执行

迎外任务时；

（四）军乐演奏员执行中央军委确定的其他礼仪演奏任务时。

文工团演员执行演出任务时，通常着文工团演出服。

本条第一款、第二款规定以外的时机和场合，不得着礼宾服和文工团演出服。

第六十七条　军人在军事体育训练时，通常着体能训练服；课外活动时，可以着体能训练服。

第六十八条　军人因航天、医疗、防疫、试验等特殊岗位工作需要，应当配套穿着专用防护服或者工作服，具体穿着规范由副战区级以上单位确定。

军人着军服时，根据需要可以穿戴制式的防寒、防晒、防蚊虫等防护用具。

第六十九条　军人在遂行抢险救灾、国防施工等任务现场，或者在高温、高湿的密闭空间训练、工作、生活时的特别着装要求，由单位首长或者带队首长确定。

军人在实验室、重要洞库等特殊场所，可以统一穿具有防尘、防静电等功能的工作用鞋（袜）。

第七十条 军人着军服在营区外，应当戴军帽；着军服携带武器时，应当戴军帽或者头盔；着军服在营区内通常戴军帽，不戴军帽的时机和场合由团级以上单位确定；着军服在室内，通常不戴军帽。

除宣誓、晋升（授予）军衔、授旗等重要集体活动和卫兵执勤外，军人着军服进入室内通常自行脱帽，组织集体活动时可以统一脱帽，按照《中国人民解放军队列条令》有关规定放置；位于交通工具内时，可以脱帽；因其他特殊情况不适宜脱帽时，由在场职务或者军衔等级最高的首长临时确定。

第七十一条 军人外出可以着军服，也可以着便服。

女军人在孕期、产期、哺乳期内，在应当

着军服的时机和场合可以着便服。

第七十二条　军人着军服佩戴党、国家和军队统一颁发的徽章，以及专用识别标志时，应当遵守下列规定：

（一）参加庆典、纪念、功勋荣誉表彰等活动，可以按照活动主办单位的要求，在军服胸前适当位置佩戴勋章、奖章、纪念章，具体佩戴方法按照军队功勋荣誉表彰有关规定执行；

（二）参加重要会议、重大演习和其他重要活动，可以按照要求佩戴专用识别标志；

（三）从普通高中毕业生和部队士兵中招收的军队院校学员，可以佩戴校徽（院徽）；

（四）党员徽章的佩戴，按照军队党员徽章使用有关规定执行。

未经中央军委批准，不得在军服上佩戴前款规定以外的其他徽章。

第七十三条　军人在执行作战、战备、训练、演习、执勤、非战争军事行动任务时，通常佩戴军人保障标识牌；佩戴时挂于胸前，不得暴露于服装之外。军人保障标识牌的佩戴时机和场合，由团级以上单位确定。

第二节　仪　容

第七十四条　军人着军服时，应当遵守下列规定：

（一）不得挽袖（着迷彩夏作训服、迷彩蛙式作训服时除外），不得披衣、敞怀、卷裤腿，不得赤脚穿鞋；

（二）不得围非制式围巾，非因工作需要不得戴非制式手套；

（三）内着衣物下摆不得外露；着衬衣（内衣）时，下摆扎于裤内；内着非制式衣物不得外露；

（四）不得将军服外衣与便服外衣混穿；

（五）不得将未佩戴标志服饰的军服作便服穿着；

（六）不得袖手、背手和将手插入衣袋，不得边走边吸烟、吃东西、扇扇子，不得搭肩挽臂；

（七）打伞时应当使用黑色（灰色）雨伞，通常左手持伞；

（八）不得骑乘非军用摩托车。

军人骑乘非机动车，按照道路交通安全法律法规应当佩戴头盔的，不得着军服。

军人不得着印有不文明图案、文字的便服，不得衣冠不整、穿着暴露出入营区。

第七十五条　军人应当保持头发整洁，除生理原因或者医疗需要外，应当选择符合规定的发型（示例见附件八），不得蓄留怪异发型。男军人不得蓄胡须，鬓角发际不得超过耳廓内线的二分之一，帽墙下发长不得超过 1.5 厘米；女军人发辫不得过肩。军人染发只允许染与本人原发色一致的颜色。

第七十六条　军人服役期间不得文身。军人着军服时，不得化浓妆，不得留长指甲和染指甲；不得在外露的腰带上系挂钥匙和饰物，不得戴耳环、项链、领饰、戒指、手镯（手链、手串)、装饰性头饰等首饰；需要佩戴口罩时，口罩的样式、颜色应当规范统一；除工作需要和眼疾外，不得戴有色眼镜。

第七十七条 军队文艺工作者扮演我军官兵，军人向媒体提供着军服的影像，以及着军服主持节目、参加访谈，应当严格执行军容风纪有关规定，维护军队和军人良好形象。

军队单位组织和参与新闻宣传报道、影视作品摄制、文艺演出等活动，应当进行军容风纪审查把关。

第三节 举   止

第七十八条 军人应当举止端正，谈吐文明，军语标准，精神振作，姿态良好。

第七十九条 军人的举止，应当符合下列规定：

(一) 不得阅览、收听、收看有政治性问题的报刊、书籍、音像制品、电子读物，以及网络文本、图片、音频、视频资料等，不得编造、散布政治谣言和其他有政治性问题的信息，不得编造、散布危害公共安全和违背社会公德的信息；

（二）不得违规喝酒，不得酗酒和酒后滋事，不得酒后驾驶机动车辆、舰艇、飞机以及操作装备；

（三）不得在公共场所和其他禁止吸烟的场所吸烟；

（四）不得赌博、打架斗殴；

（五）不得参加迷信活动或者个人搞迷信活动，不得参加宗教组织和宗教活动；

（六）不得围观和参与社会游行、示威、静坐等活动，不得传抄、张贴、私藏非法印刷品，不得组织和参与串联、集体上访；

（七）不得购买、传看渲染色情、暴力、迷信和低级庸俗的书刊、图片以及视频（音频），不得参与不健康的消费娱乐活动；

（八）不得经商，不得摆摊设点，不得从事本职以外的其他职业和营销、传销、有偿中介活动，不得利用工作时间和办公设备从事证券期货交易、购买彩票；

（九）不得参与以营利为目的的文艺演出、商业广告、形象代言和教学活动，不得擅自提供军人肖像用于制作、推销商品，不得以军人的名义、肖像做商业广告；

（十）不得购买、私存、携带管制刀具、仿真枪等违禁物品；

（十一）不得在大众媒体上以军人身份征婚和交友。

第八十条　军人参加集会，应当按照规定的时间和顺序入场，在指定位置就座，遵守会场秩序，不得迟到早退；散会时，依次退场。

第八十一条　军人外出，应当遵守公共秩序和交通规则，遵守社会公德，举止文明，自觉维护军队的声誉；乘坐公共交通工具时，主动给老人、幼童、孕妇和伤病残人员让座；与他人发生纠纷时，应当依法处理。

第八十二条 军人遇到人民群众生命财产受到严重威胁时，应当见义勇为，积极救助。

第四节　检查纠察

第八十三条 军队单位应当经常开展军容风纪教育，落实军容风纪检查纠察制度，督促所属人员保持良好的仪容和风貌。

第八十四条 连级单位每半月、营级单位每月、团级以上单位每季度至少进行 1 次军容风纪检查，及时纠正问题并讲评。季节换装时，应当组织军容风纪检查。

军容风纪检查，可以结合早操进行，通常不超过 15 分钟。

第八十五条 团级以上单位应当指定分队或者人员，独立驻防的营、连级单位应当指定人员，担负营区内军容风纪纠察任务。警备工作部门应当组织警备纠察分队对外出军人的军容风纪进行检查纠察。

纠察人员应当佩戴纠察头盔、袖标等专用

装具服饰，携带警备（纠察）工作证件。

第八十六条 纠察人员对违反军容风纪的军人应当令其立即改正，对不服从检查纠察和严重违反军容风纪的军人应当给予批评教育，必要时予以扣留并通知其所在单位领回处理。

第七章 与军外单位和人员的交往

第一节 与地方单位和人员的交往

第八十七条 军队单位和军人在与地方单位和人员交往中，应当遵纪守法，保持良好形象，维护国家利益和军队合法权益。

第八十八条 军队单位开展军民共建社会主义精神文明活动，应当按照军队军民共建有关规定组织实施，不得擅自组织地方单位和人员参观重要装备和军事设施，不得擅自动用装备和兵员，不得向地方党政机关和其他单位提不合理要求。

第八十九条　军队单位为有组织的国防教育活动选派军事教员，提供必要的军事训练场地、设施、器材和其他便利条件，应当按照军队有关规定组织实施。

组织军营开放活动，应当按照军队有关规定和上级要求实施，不得擅自扩大开放范围，不得影响部队正常秩序。

第九十条　军队单位和军人参加社会团体的组织及其活动，应当按照军队社会团体管理有关规定执行。

军人不得与非法组织、非法刊物、有政治性问题的媒体媒介以及有关人员发生联系，不得组织或者参加老乡会、校友会、战友会等民间团体。

第九十一条　军队单位和军人参加地方组织的文艺、体育竞赛等活动，应当经军级以上单位批准。

军人可以个人名义参加地方组织的群众性体育活动，但不得着军服，不得公开部队番号。

军人不得参加地方组织的选美选秀、模特比赛以及与军人身份不符的娱乐节目等活动。

第九十二条　军人不得违规接受地方党政机关和其他单位以及个人的宴请或者馈赠礼品、慰问品，不得参加地方非政府组织的剪彩、庆典、奠基等活动。

第九十三条　军队单位组织军人参与社会公益活动，应当从实际出发，尊重官兵意愿，不得以社会公益为由侵犯其合法权益。

第九十四条　军队单位和军人执行非战争军事行动任务，应当严格执行军地交往有关规定，自觉遵守群众纪律，尊重地方党政机关和当地风俗习惯，维护群众利益，不得违规接受、处理地方党政机关和群众的馈赠。

第九十五条　军队单位和军人应当严格执行新闻采访纪律，不得擅自接受媒体采访；经批准接受采访时，不得超出规定的内容和范围。

军队单位和军人参加地方学术交流活动，

应当严格遵守有关纪律要求，不得发表违反政策规定的言论。

第九十六条　军队单位应当落实军队不经营要求；确需向社会和个人提供有偿服务的，应当符合规定。

第九十七条　军人向地方人员提供联络方式时，不得涉及军事秘密；因工作需要制作名片的，应当经团级以上单位批准并登记备案。

第二节　与国外（境外）人员的交往

第九十八条　军人不得擅自与国外（境外）人员交往；经批准与国外（境外）人员交往的，应当坚定政治立场，严格遵守国家和军队有关规定，维护党、国家和军队的利益，遇有重要情况及时报告。

军人在国外（境外）期间，还应当尊重当地法律、宗教信仰和风俗习惯。

第九十九条　军队单位担负迎外任务，应当严密组织，不得擅自更改礼宾规格、演示课目、队列动作、操作规范，不得组织或者邀请无关人员观摩。军人在观摩过程中不得擅自摄影、摄像。

第一百条　军队单位和军人参加中外联演联训、国际军事比武竞赛等军事交流活动时，不得擅自到外军营地活动、邀请外军人员到我军营地参观，不得擅自组织或者参加宴请活动，不得私自与外军人员接触和建立联系。

第八章　日常制度

第一节　一日生活

第一百零一条　军队单位应当坚持一日生活制度，保持正规秩序。

第一百零二条　工作日，通常保持 8 小时工作（操课）和 8 小时睡眠。休息日和节假日除值班、执勤、执行任务等情况外，应当安排休息；休息时，可以集体组织文体娱乐活动。

军队院校和训练机构可以根据教育训练活动实际需要，调整工作（操课）和休息时间安排，并报上级审批。

第一百零三条 作息时间表，由团级以上单位按照本条令的规定，依据季节、部队任务和驻地环境等情况制定，明确起床、早操、洗漱、开饭、操课（办公）、午睡（午休）、点名和就寝等时间。不同建制单位同驻一个营区的，作息时间表由级别高的单位制定；级别相同的，应当协商统一制定。

第一百零四条 起床

听到起床号（信号）后，全体人员立即起床（值班员、司号员应当提前 10 分钟起床），按照规定着装。

因集体活动推迟就寝 1 小时以上的，部队（分队）首长可以确定推迟次日起床时间。

第一百零五条 早操

除休息日和节假日外，连队通常每日出早操；营级单位早操时间安排应当与所属分队一

致；旅、团级单位机关通常每周出早操不少于
3次；师级单位机关通常每周出早操2至3次；
军委机关部门、军委联指中心，军级以上单位
机关，以及军队院校、科研机构、医疗卫生机
构等技术密集型单位的早操安排，由单位首长
根据工作性质、训练条件、人员住所等情况
确定。

听到出操号（信号）后，全体人员迅速集
合，值班员组织整队、清查人数、整理着装，
向值班首长报告，由首长或者值班员带队出操。
早操每次时间通常为30分钟，主要进行体能训
练或者队列训练。除担任公差、勤务的人员和
经医务人员建议并经值班首长批准休息的伤病
员，以及经批准回家住宿的连队军官、军士外，
所有人员应当参加早操。

驻城市的单位不得到营区外出早操。

营级单位每年会操不少于2次，师、旅、
团级单位每年会操不少于1次；军委机关部门、
军委联指中心，军级以上单位机关，以及军队

58

院校、科研机构、医疗卫生机构等技术密集型单位的会操，由单位首长确定。

第一百零六条　整理内务和洗漱

早操后，整理内务、清扫室内外和洗漱，时间通常不超过 30 分钟，值班员检查内务卫生。连队每周组织 1 次内务卫生检查，其他类型单位适时组织。

第一百零七条　开饭

军队单位实行每日三餐制。

听到开饭号（信号）后，连队通常列队带到食堂门前，整队后依次进入。就餐时间通常不超过 30 分钟，其间保持肃静，不得浪费食物，餐毕自行离开。

第一百零八条　操课（办公）

操课前，值班员集合整队，清查人数，检查着装和装备、器材，带到课堂（训练场、作业场），听到上课号（信号）后开始操课；操课中，遵守课堂（训练场、作业场）纪律，遵守操作规程，严防事故，通常每小时休息 10 分钟（野外作业和实弹射击时根据情况确定休息时间），休息信号和继续操课信号由值班员发出；听到下课号（信号）后，值班员组织检查装备，清理现场，集合整队，进行讲评。操课往返途中应当队列整齐，呼号、歌声嘹亮。

机关办公应当遵守时间规定，不得迟到、早退，因病、因事不能按时上班、下班时，应当请假。办公时间不得喧哗、闲聊、办私事，不得因私事在办公室会客，不得进行其他与办公无关的活动。上午、下午办公期间各休息 1 次，每次 15 至 20 分钟。

下午操课（办公）时间的最后 1 小时，通常安排军事体育训练。

第一百零九条　午睡（午休）

连队人员听到午睡号（信号）后，工作日除执勤和经批准执行其他任务外，均应当卧床休息，保持肃静，不得进行其他活动，值班员检查人员午睡情况；休息日和节假日的午睡时间由个人支配，不得影响他人休息。

机关人员午休时间通常由个人支配。

第一百一十条　课外活动

晚饭后的课外活动时间，连队每周除个人支配 2 至 4 次外，其余应当统一安排；其他类型单位除组织必要的集体活动外，通常由个人支配。

第一百一十一条　点名

连队通常每日点名，休息日和节假日应当点名。点名由 1 名连队首长实施。每次点名不得超过 15 分钟。点名通常以连队为单位于就寝前或者其他时间列队进行；部署分散的，在符合安全保密要求的前提下，也可以采取视频（音频）方式进行。点名的内容通常包括清点人员、生活讲评、宣布次日工作或者传达命令、指示。如果以班、排为单位点名，连队首长和值班员应当督促检查。

点名前，连队首长应当商定内容；由值班员发出点名信号并迅速集合整队，清查人数，整理着装，向连队首长报告。唱名清点人员时，可以清点全体人员，也可以清点部分人员。

连队以外其他类型单位根据需要组织点名，点名的实施参照本条有关规定执行。

第一百一十二条　就寝

连队值班员在熄灯前10分钟，发出准备就寝信号，督促全体人员做好就寝准备。就寝人员应当放置好衣物装具，听到熄灯号（信号）立即熄灯就寝，保持肃静。因故不能按时就寝的，不得影响他人休息。

休息日和节假日的前1日可以推迟就寝，时间通常不超过1小时。

第一百一十三条　休息日和节假日可以推迟30分钟起床。起床后，整理内务、清扫室内外和洗漱。早饭后至晚饭前，主要用于整理个人卫生，处理个人事务。

休息日和节假日期间值班、执勤以及执行其他任务1日以上的，任务结束后，通常安排补休。补休的具体时长、时机和方式，由团级以上单位结合实际明确。

第一百一十四条 舰艇、航空兵部队的一日生活，参照本节有关规定，由军兵种结合实际确定。

在外执行战备执勤、演习、野外驻训、工程施工、非战争军事行动等任务部队（分队）的一日生活，参照本节有关规定，由带队首长结合实际确定。

第一百一十五条 年度节假日安排，依据国家年节及纪念日放假有关规定和通知执行。

第二节　值　　班

第一百一十六条 军队单位应当建立严格的值班制度，保持常备不懈和指挥不间断，保证及时、有效应对紧急情况，维护内部秩序和保障安全。

第一百一十七条 连级以上单位建立首长值班制度。

值班首长由本级首长轮流担任，受上级值班首长领导，履行下列职责：

（一）掌握敌情、社情、舆情和环境情况，以及本单位的战备状态；

（二）督促检查作战应用系统，保证其处于规定的状态，有效实施不间断指挥；

（三）组织指挥所属单位抗击敌人的突然袭击和处置各种突发情况；

（四）维护本单位的生活秩序，督促落实日常勤务和安全工作；

（五）接受上级的命令、指示和下级的请示、报告，并及时妥善处理；

（六）检查本级和下级值班人员以及值班兵力履行职责情况；

（七）上级赋予的其他职责。

第一百一十八条 团级以上单位机关建立机关值班制度。

机关值班员由机关人员轮流担任，履行下列职责：

（一）了解值班首长所在位置和所属单位活动情况；

（二）掌握敌情、社情、舆情和环境情况，及时准确接收上级发出的警报、通知，督促检查所属单位按照规定行动；

（三）接受上级的命令、指示和下级的请示、报告，并及时报告值班首长；

（四）及时将首长的命令、指示传达给相关单位和人员，并检查其执行情况；

（五）督促检查所属单位遵守安全规定，将本单位一日活动情况，综合报告值班首长和上级机关值班员，重要情况随时报告；

（六）接待因公来队人员。

第一百一十九条 营级单位建立值班制度。

营级单位值班员通常由连级单位主官轮流担任，负责人员集合时的整队、清查人数和报告，并根据本单位值班首长的指示处理有关事项。

第一百二十条 连队建立值班和值日制度。

连队值班员通常由军官或者军士担任，履行下列职责：

（一）掌握连队活动情况以及周围环境情况；

（二）督促全体人员保持规定的战备状态；

（三）接收和按照规定发放警报，并监督执行；

（四）维护连队的生活秩序和军容风纪；

（五）按照连队首长指示派遣公差勤务；

（六）检查临时外出人员离队、归队情况；

（七）检查连队的安全状况，及时处置突发情况；

（八）负责全体人员集合时的整队、清查人数和带队；

（九）领导连队值日员、厨房值班员及其他专业值班员（值日员），监督卫兵履行职责，安排查铺查哨人员；

（十）填写《连队要事日记》（式样见附件七）。

连队集中驻防时，应当指派值日员。值日员由士兵轮流担任，受连队值班员领导，履行下列职责：

（一）看管营房、营具和设备；

（二）维护室内外卫生；

（三）纠察军容风纪；

（四）接待来队人员，并负责登记；

（五）发现异常情况及时报告。

第一百二十一条 舰艇建立值日和值更制度，具体组织和人员职责按照军队有关规定执行。

第一百二十二条 军队单位建立车场、炮场、机械场、停机坪、机房、库房、厨房等专业值班和值日制度。

车场、炮场、机械场值班员按照本条令第二百三十六条的规定执行；厨房值班员按照本条令第二百一十七条的规定执行。其他专业值班和值日的具体组织与人员职责，按照军队有关规定执行。

第一百二十三条 军队单位应当按照规定建立作战值班、战备业务值班等战备值班制度。

建立战备业务值班的单位，战备业务值班可以与机关值班合并组织。

第一百二十四条 一切值班人员，必须坚守岗位，认真履行职责，对发生的重要问题及其处置情况，应当详细记载。值班人员因事离开值班岗位时，应当有代理人，并报告值班首长或者上级值班员。

旅、团级单位和分队的值班（值日）人员，应当佩戴值班（值日）标志。值班（值日）标志由军级以上单位统一式样和监制。

女军人在孕期、产期、哺乳期内，不得安排夜间值班。

第一百二十五条 各类值班、值日应当建立交接班制度。

首长和机关值班的交接班通常合并进行，每日组织1次，也可以根据工作需要每周组织1次。交接班由值班首长组织，交接双方按照规定的职责内容交接。

营级单位和连队值班员交接班通常每周组

织 1 次，由单位首长组织；连队值日员和专业值班、值日的交接班，通常每日组织 1 次，由连队值班员组织。

交接班或者换班时，遇有突发情况，以交班人员为主进行处置，待处置完毕再交接班或者换班。

第三节　警　　卫

第一百二十六条　军队单位应当严密组织警卫，教育警卫人员提高警惕，认真履行职责，确保首长、机关、部队和装备、物资、重要军事设施的安全，防止遭受袭击和破坏。

第一百二十七条　军队单位组织警卫勤务，应当严格执行上级命令、指示，准确掌握警卫对象、目标和相关活动情况，结合驻地和部队实际，周密部署警卫任务，并执行下列规定：

（一）警卫任务通常由警卫分队或者指定的分队担负；驻地集中的旅、团、营级单位可以组织警卫分队；分队的派遣、换班和具体实施方法，由部署警卫任务的单位规定；

（二）组织担负警卫任务的分队首长现地勘察，规定哨位位置，明确警卫任务、人员编组、执勤装备、通信工具、联络信号和情况处置办法，并提出要求；

（三）单独驻防的连级以上单位，应当设置营门卫兵，营门卫兵通常昼间在营门外侧执勤，夜间在营门内侧执勤；重要目标的哨位，必要时设置复哨，1名卫兵为固定哨，其他卫兵为游动哨或者潜伏哨，卫兵之间应当保持通视通联；哨位应当设置岗亭，划定警戒线，设置警示牌和通信、照明、监控、报警、拦阻等设施设备；

（四）经常检查执行警卫任务的情况，发现问题及时处理。

军分区（警备区）、县（市、区、旗）人民武装部、干休所等未编配警卫分队或者难以指定分队担负警卫任务的单位，按照军队作战、战备和安全管理等有关规定组织警卫勤务。

第一百二十八条　担负警卫任务的分队，应当严格履行职责，组织经常性警卫勤务训练；根据规定的警卫任务和要求组织警卫勤务，并使分队全体人员了解和掌握下列事项：

（一）警卫目标，警卫区域的性质、特点、范围和警卫要求；

（二）哨位的位置及其附近地形、环境情况；

（三）领班员和卫兵的派遣顺序；

（四）卫兵守则和装具使用、联络信号；

（五）对各种情况的处置、报告方法。

第一百二十九条　警卫分队队长通常由军官或者军士担任，受组织单位值班首长领导，履行下列职责：

（一）了解警卫任务和警卫目标的性质、特点，熟悉哨位位置和联络信号；

（二）检查卫兵执勤情况；

（三）接到卫兵报告或者信号时，及时采取措施，迅速处理并报告；

（四）听到警报或者接到命令时，立即按

照预案或者值班首长的指示行动。

第一百三十条　卫兵不容侵犯。一切人员必须执行卫兵按照警卫勤务规定所提出的要求。

第一百三十一条　领班员由士兵骨干担任，受分队首长领导，履行下列职责：

（一）熟悉哨位位置、卫兵任务，熟记并正确使用口令和信号；

（二）督促卫兵做好执勤准备，检查卫兵的着装、仪容和武器弹药；

（三）带领卫兵换班，并监督卫兵交接班和验枪；

（四）检查卫兵执勤情况；

（五）发生异常情况，立即处置和报告。

第一百三十二条　卫兵受领班员领导，执行下列卫兵守则：

（一）按照规定着装和配带武器弹药；

（二）熟悉任务和警卫区域内的地貌、地物等情况，熟练掌握各种情况的处置方法，熟记并正确使用口令和信号；

（三）时刻保持警惕和高度戒备，严密监视警卫区域；在任何情况下都坚守岗位，武器不得离身；

（四）精神饱满，姿态端正，不得有任何影响卫兵形象和警卫任务的行为；

（五）向接班人员交代执勤情况、上级指示和哨位器材，并在领班员的监督下验枪。

警卫机场（库）、码头、阵地和车场、炮场、发射场、试验场、仓库等目标的卫兵的特别守则，由部署警卫任务的单位根据具体情况规定。

警卫舰艇武装更的特别守则，按照军队有关规定执行。

第一百三十三条　不同风险等级军事目标的安全警戒哨位，其卫兵数量和武器弹药、装具的携带标准，按照军队作战、战备和安全管理等有关规定执行。

第一百三十四条　卫兵每次执勤时间通常不超过 2 小时，严寒或者炎热时，适当缩短时间；每日执勤时间累计不得超过 8 小时。

第一百三十五条 营门卫兵应当检查出入营门人员的证件和军容风纪；指引外来人员办理登记手续；维护营门秩序，调度机动车辆出入营门；根据需要检查人员携带和车辆运载的物品；发现重要情况及时报告。

第一百三十六条 卫兵对妨碍执勤的行为，应当予以制止；当警卫目标的安全受到威胁时，应当采取有效措施，迅速处置；当判明警卫目标遭受袭击并将造成严重后果非使用武器不足以制止时，可以使用武器；当人身安全受到威胁时，应当进行正当防卫。

卫兵应当及时报告前款规定的情况和处置结果。

第一百三十七条 军事设施管理单位应当协调驻地县级以上地方人民政府按照规定设置军事禁区、军事管理区标志牌，并采取必要的安全防范措施。

卫兵等执勤人员发现下列情形，应当予以制止：

（一）非法进入军事禁区、军事管理区或者在陆地、水域军事禁区上空低空飞行的；

（二）对军事禁区、军事管理区非法进行摄影、摄像、录音、勘察、测量、定位、描绘和记述的；

（三）进行破坏、危害军事设施活动的。

有前款所列情形之一，不听制止的，军事设施管理单位应当按照军事设施保护有关法律规定，采取强制带离、控制，以及扣留并立即移送地方政府有关部门等措施进行处置。

第四节　行　政　会　议

第一百三十八条　连队的行政会议主要包括：

（一）班务会，每周召开 1 次，由班长主持，星期日晚饭后进行，通常不超过 1 小时，主要是检查小结一周的工作；

（二）排务会，每月召开 1 至 2 次，由排长主持，班长、副班长参加，研究本排工作；

（三）连务会，每月至少召开 1 次，由连队首长主持，班长以上人员参加，通常包括分析战备工作、军事训练、思想政治工作和日常管理等方面的情况，进行总结、讲评，研究布置工作；

（四）军人大会，每月或者一个工作阶段召开 1 次，由连队首长主持，全体军人参加，主要是连队首长或者军人委员会向军人大会报告工作，传达和布置任务，发扬民主，听取士兵的批评和建议。

第一百三十九条 营级以上单位的行政会议，根据工作需要召开，应当本着务实高效的原则，严格控制数量、规模和时间，严格控制层层重复开会，减少基层开会和陪会候会。

营级以上单位的行政会议由单位首长主持，参加会议人员由单位首长根据会议内容确定。

第五节 请 示 报 告

第一百四十条 请示

对本单位无权决定或者无力解决的问题，

应当及时向上级请示。请示通常采取书面或者口头形式，逐级进行。请示应当一事一报，条理清楚，表述准确。

上级对下级的请示应当及时答复。

第一百四十一条 报告

下级应当主动向上级报告情况。

军队单位应当逐日向上级报告一日工作情况。发生事故和案件问题，以及遇到特殊情况立即报告。执行重要任务时，及时报告任务进展和完成情况。

报告通常逐级进行，必要时也可以多级同报或者越级报告。

第六节　内务设置

第一百四十二条 内务设置应当利于战备，方便工作、学习、生活，因地制宜，整齐划一，符合卫生和安全要求，杜绝形式主义。

内务设置应当根据不同战备状态统一规范，具体办法由团级以上单位制定。

第一百四十三条 连队宿舍内床铺、蚊帐、大衣、鞋、腰带及其他物品的放置，集中居住的部队由团级以上单位统一，分散居住的分队由营（连）级单位统一（宿舍物品放置方法见附件六）。军官使用的卧具应当与士兵一致。

连队以外其他类型单位宿舍的内务设置，由团级以上单位统一。

第一百四十四条 机关办公室的桌椅、文件柜、书柜（书架）、计算机、电话等设施设备的摆放，以及图表的张贴（悬挂），应当整齐有序。团级以上单位应当统一本级机关的办公室设置。

第一百四十五条 兵器室、器材室、储藏室、给养库、会议室、学习室、文化活动室、网络室、荣誉室等室（库）应当按照规定设置，室内物品放置整齐有序，只允许张贴（悬挂）团级以上单位规定的图、文、像、表。

各类装备和物资应当落实登记统计规定，按照区分携行、运行、后留和定人、定物、定车、定位（以下称"三分四定"）的要求，分类摆放整齐。轻武器及其附品、备件和弹药放在兵器室；战备和训练器材放在器材室；个人携行的被服和日常生活用品放在宿舍，运行和后留的物品放在储藏室；战备给养物资放在给养库。

第一百四十六条 舰艇人员住舱的内务设置，应当符合舱室结构特点，物品放置定点、牢固、有序，不得影响设备的正常操作和运行；不得擅自增加、拆除、移动舱内的设施设备，不得在舱壁钻孔、钉钉子、悬挂饰物。

第七节 登 记 统 计

第一百四十七条 连队应当认真做好登记统计，真实、准确、及时、规范填写"七本、五簿、三表、一册"。七本，即《连队要事日记》（《航泊日志》）、《连务会记录本》、《党支部会议记录本》、《团支部工作记录本》、《军人委员会工作记录本》、《网络、智能电子设备、涉密载体使用管理登记本》、《文件管理登记本》；五簿，即《军事训练登记簿》、《训练器材、教材登记簿》、《营产、公物管理登记簿》、《伙食管理登记簿》、《军械装备登记簿》；三表，即《周工作安排表》、《军事训练月统计报表》、《一周食谱表》；一册，即《人员名册》。

连队具备运用信息系统登记统计条件、符合电子文件归档要求的，经军级以上单位批准，可以不再进行纸质登记统计。

"七本、五簿、三表、一册"，除《航泊日志》由军兵种确定外，其他由军委机关有关部门统一式样和监制。军队单位不得在本条令规定以外，增加连队登记统计事项；确需增加的，由副战区级以上单位规定。

连队以外其他类型单位参照本条第一款、第二款规定，结合实际做好登记统计。

第一百四十八条　连队值班员每日应当按照《连队要事日记》（《航泊日志》）规定的内容进行登记统计。

连队首长应当定期或者不定期检查登记统计填写情况；对《连队要事日记》（《航泊日志》）填写情况，应当每日检查并签字。

第一百四十九条 军队单位组织签写责任状、保证书等书面承诺，应当严格控制；军事法规没有明确规定的，不得层层组织签写。

组织签写责任状、保证书等书面承诺，应当明确法规依据、签写对象、具体要求和有效期等事项。

第八节 请 假 销 假

第一百五十条 军人外出，应当按级请假，履行审批手续，如实报告去向，按时归队销假。军人在执勤和操课（工作）时间内，无特殊事由不得请假；未经批准不得外出。

军人因公或者因私出国（境），应当按照军队有关规定申请报批。

第一百五十一条 军人请假不满 1 日的，连队的士兵由连队首长批准，其他类型单位的士兵由直接管理的军官批准；军官由直接首长批准；军队院校学员由学员队首长批准。

连队应当严格按照比例控制休息日和节假日请假外出人数。连队外出人数占实力数的比例：担负战备值班任务的部队和担负边防、海防任务的部队，通常不超过10%；其他部队通常不超过15%。其中，舰艇部队（分队）、担负战备值班任务的航空兵部队（分队）休息日和节假日请假外出人数比例，按照军队有关规定执行。

连队的军人请假外出时，由值班员负责登记，检查着装和仪容，明确注意事项；归队后，应当及时销假。值班员应当将外出人员的归队情况，报告连队首长。

义务兵在休息日和节假日请假外出时，通常2人以上同行，并指定负责人，保持通信联络畅通。

请假外出不满1日的军人，除就医等特殊情况外不得离开驻地，通常于早饭后离队、晚饭前归队；经批准可以适当调整当日离队、归队时间，但不得在外住宿。

第一百五十二条　军人请假 1 日以上的，按照下列规定执行：

（一）对符合休假条件的军人，应当根据部队任务、人员在位率和工作情况，分批给予安排。连队的军人，由营级以上单位主官批准；其他类型单位的军人，由直接首长批准。军委机关部门（不含军委直属机构）、军委联指中心和战区、军兵种、军事科学院、国防大学、国防科技大学的主要领导，由中央军委批准。

（二）军人按照规定已经休假期满的，通常不再准假；因特殊事由需要请假时，不得超过 10 日（不计入翌年休假天数），批准权限按照本条第一项执行，其中军队院校学员由院校首长批准。

（三）请假人员外出，直接首长应当向其交代外出期间注意事项，规定归队时间；请假人员归队后，应当向直接首长销假并汇报外出情况。休假审批、销假情况，应当报团级以上单位政治工作部门备案。

第一百五十三条　请假人员因特殊情况不能按时归队的，按照请假批准权限报批后方可续假。未经批准，超假或者逾假不归者应当予以追究。

第一百五十四条　对伤病员，根据伤病情况或者医务人员的建议，给予半休或者全休。

第一百五十五条　国家发布动员令或者国务院、中央军委依照《中华人民共和国国防动员法》采取必要的国防动员措施后，军人应当立即停止休假，主动联系所属部队，按照要求迅速归队或者赶赴指定地点。

军队单位应当保障军人的休假权利，除前款规定的情形外，不得擅自要求军人停止休假或者召回正在休假的军人。因部队执行作战任务，中央军委或者战区、军兵种赋予的其他重要任务，以及实施紧急战备等情形，确需军人停止休假或者召回正在休假的军人的，应当报有休假批准权限的首长批准；相关任务结束后，视情安排军人补休相应假期。

第九节　查铺查哨

第一百五十六条　连队应当组织查铺查哨，每夜不少于 2 次，其中 1 次在熄灯后 2 小时至次日起床前 1 小时之间进行。查铺查哨通常由军官实施；现有军官 2 名以下时，经上一级单位批准，可以增加履行排长职责的军士或者班长查铺查哨。

营级单位首长每周工作日查铺查哨不少于 2 次，旅、团级单位首长和机关每周工作日查铺查哨不少于 1 次，休息日和节假日应当查铺查哨，并不定期检查查铺查哨制度落实情况，适时进行讲评。

担负作战任务的部队和担负边防、海防任务的部队，其他部队在野外驻训、恶劣天气以及其他必要情况时，应当增加查铺查哨次数。舰艇部队（分队）的查铺查哨，按照军队有关规定执行。

第一百五十七条　查铺查哨的内容，主要包括下列事项：

（一）人员在位和睡眠情况；

（二）武器、服装、装具的放置是否符合战备要求；

（三）取暖、降温、除湿等设备是否符合防火、防触电和防煤气中毒等安全要求；

（四）卫兵（哨兵）履行职责情况，使用口令是否正确；

（五）重要部位（目标）的安全情况。

担负作战任务的部队和担负战备值班任务的部队，应当结合查铺查哨，检查值班人员战备状态保持情况。

第一百五十八条　查铺时，应当动作轻缓，不影响官兵睡眠。查哨时，应当及时回答哨兵的口令和询问，不得采取隐蔽的方法接近哨兵。查铺查哨发现的问题，应当及时纠正和处理。每次查铺查哨的情况，应当进行登记。

第十节 留营住宿

第一百五十九条 连队应当坚持留营住宿制度，保持规定战备状态，合理安排官兵回家住宿。

连队的军官和军士通常留营住宿，排长应当与士兵同住，不得单人居住；义务兵应当留营住宿，士兵不得单人居住。

第一百六十条 连队的军官和军士，在不影响战备、训练、执勤等任务和管理的前提下，按照下列规定回家住宿：

（一）在配偶以及未成年子女来队探亲规定的留住期间，可以每日在临时来队住房住宿，工作日下午操课结束后离队，次日（休息日和节假日除外）上午操课前归队；休息日和节假日结束当日，应当参加单位行政会议和晚点名；

（二）配偶或者需要本人单独照顾（抚养）的未成年子女在驻地以及驻地周边生活的，或者本人在驻地分配家庭公寓住房的，可以在休息日和节假日的前 1 日下午操课结束后离队，休息日和节假日结束当日晚饭前归队；每周工作日个人支配的课外活动时间也可以回家住宿 1 次，当日下午操课结束后离队，次日上午操课前归队。团级以上单位可以根据实际调整驻海岛、山区、高原等交通不便地区连队人员离队、归队时间，增加易地连续执行任务 3 个月以上的连队归建后休整期间人员回家住宿频次。

连队至少保持 1 名主官留营住宿；现有 1 名主官的，主官回家住宿具体办法由团级以上单位结合实际作出规定。

第一百六十一条 连队的女军人在孕期、产期、哺乳期内，家在驻地以及驻地周边的可以每日回家住宿，家不在驻地以及驻地周边的可以安排到公寓住房住宿。

第一百六十二条 连队的空勤人员和舰艇上的军官、军士，回家住宿办法由军兵种制定。

第一百六十三条 连队的军官和军士回家住宿的请假销假，按照本条令第一百五十一条规定的批准权限执行；回家住宿的人数，不占外出人员比例；回家住宿的时间，不计入休假天数。

第一百六十四条 连队以外其他类型单位的义务兵、未婚或者与配偶两地分居的军官和军士，应当留营住宿，但在驻地分配公寓住房的可以回公寓住房住宿；其他军人不担负值班执勤任务时可以回家住宿，因战备、训练和执行任务等需要统一留营住宿的，由军级以上单位决定。

第十一节 司 号

第一百六十五条 军队单位应当落实司号制度，加强军号使用管理，强化号令意识，正规部队秩序，营造备战打仗的浓厚氛围。

军人应当熟记军号号音，按照号音迅速作出相应动作。

第一百六十六条 军号号类包括作息类号、行动类号和仪式类号，分别在下列时机和场合使用：

（一）作息类号用于规范部队日常秩序，在起床、出操、收操、开饭、上课、下课、午睡（午休）、午起、晚点名、熄灯、休息时吹奏或者播放；

（二）行动类号用于传达简短命令，发出紧急警报，在紧急集合、集合、冲锋、防空、解除警报时吹奏或者播放；

（三）仪式类号用于充实仪式内容、渲染仪式氛围，在升旗、降旗、出征、凯旋、追悼时吹奏。

不宜使用军号的时机和场合，由团级以上单位确定。

第一百六十七条 舰艇通常不使用军号，其音响信号的使用管理按照军队有关规定执行。

第十二节　点　　验

第一百六十八条 点验是对军队单位编制、实力、战备和安全状况的全面清点、检验。

旅、团级单位每年应当进行 1 至 2 次点验。

在新兵入营、士兵退役，以及实射实投实爆训练、重大演训活动等任务结束时，应当对个人物品进行点验。其他需要点验的时机由团级以上单位根据情况确定。

第一百六十九条　点验的内容，主要包括下列事项：

（一）执行编制的情况；

（二）装备和物资的数量、质量、保管、维修、维护情况；

（三）人员的健康和卫生状况；

（四）装备和物资"三分四定"落实情况、携行能力；

（五）个人物品。

第一百七十条　点验的组织实施，执行下列规定：

（一）通常由旅、团级单位首长或者上级机关组织实施，机关成立点验小组，到所属单位直接实施或者监督实施；根据需要，可以授权营（连）级单位自行组织；

（二）点验前，应当进行动员，宣布点验的具体内容、范围、规定和纪律；

（三）分队接到点验号令（信号），按照规定携带个人的携行装备、物品到指定地点集合；主持点验的首长下达点验命令，宣布点验方法和要求后开始点验；通常先对人员和携行的装备、物资进行点验，然后对运行、后留的装备和物资以及个人物品进行点验；

（四）点验结束后，主持点验的首长进行总结讲评。

第一百七十一条 对点验中发现的问题，应当查明情况，妥善处理。对个人私存的公物、弹药、涉密载体和有政治性问题的书刊，以及渲染色情、暴力、迷信和低级庸俗的物品应当予以收缴，并视情给予批评教育；存在违纪违法情形的，依纪依法追究责任。

第十三节　交　　接

第一百七十二条 军人调动工作或者退出

现役，应当移交自己掌管的工作和列入移交的文件、图书、资料、涉密载体，配备的武器、弹药、器材、工具、营具、设备等物品。

移交工作应当在本人离开工作岗位前完成。移交前，直接首长应当指定接管人；交接时，双方在场认真清点，必要时由领导组织；交接后，双方在交接登记册（表）上签字。

第一百七十三条　军队单位改变领导管理关系、调防或者撤销建制时，应当按照上级指示进行交接。

交接通常在上级机关监督下进行，应当严密组织，全面交接，严格手续，严防资产丢失、损坏和私分、变卖、贪污、盗窃等问题的发生。交接后，双方分别形成专题报告并附交接登记册（表）上报。

第一百七十四条　军人因公外出、休假等临时离开岗位，应当将自己掌管的工作以及文件、武器等物品向指定的代理人员进行交代。

第十四节　接　　待

第一百七十五条　接待来队人员，执行下列规定：

（一）验明证件，查清身份，问明来意，进行登记；

（二）文明礼貌，热情耐心，妥善处理来队人员提出的问题；

（三）在操课（办公）期间，不得因私事会客；特殊情况下需要会客时，由直接首长批准；

（四）会客时，应当严守军事秘密，未经允许不得留客人在营区内住宿；

（五）会见国外（境外）人员，按照军队涉外工作有关规定执行。

第一百七十六条　接待临时来队军人亲属，执行下列规定：

（一）军人亲属临时来队，单位首长应当安排军人与亲属团聚，并介绍其在部队服役的情况；

（二）军人直系亲属临时来队，本人可以到单位临近的车站、码头、机场接送；

（三）军人直系亲属来队通常在部队招待所或者家属临时来队住房留住，配偶以及未成年子女来队每年累计留住时间通常不超过45日，因特殊情况需要延长的，应当经团级以上单位首长批准，延长时间不得超过15日；其他直系亲属来队每年留住时间通常不超过10日；

（四）军人非直系亲属通常不安排留住，因特殊情况需留住时，士兵非直系亲属留住的，由营（连）级单位首长批准；军官非直系亲属留住的，由直接首长批准。

对在部队驻地附近从事经商和劳务活动的军人亲友，不得留营住宿，不得为其经商和劳务活动提供方便。

第十五节　保　　密

第一百七十七条　军人必须强化保密就是保生命、保安全、保胜利的意识，严格遵守国家和军队的保密法规，严守保密纪律，保守国家和军队的秘密。

第一百七十八条　军人必须遵守下列保密守则：

（一）不该说的秘密不说；

（二）不该问的秘密不问；

（三）不该看的秘密不看；

（四）不该带的秘密不带；

（五）不该传的秘密不传；

（六）不该记的秘密不记；

（七）不该存的秘密不存；

（八）不随意扩大知密范围；

（九）不私自复制、下载、出借和销毁秘密；

（十）不在非保密场所处理涉密事项。

第一百七十九条　军事秘密载体应当指定专人保管，严格审批、清点、登记、签字等手续。在演习、会议、宣传以及与军外单位和人员交往等活动中，应当严格遵守保密制度，不得泄露军事秘密。

第一百八十条　军队单位和军人应当及时收集整理工作中直接形成的具有保存价值的文字、图表、声像等各种形式各种载体的历史记录，并移交档案部门归档，不得将应当归档的文件资料据为己有或者拒不归档。

第一百八十一条　军队单位和军人应当加强军事数据的收集、存储、流转和使用等环节的安全管理，不得擅自留存、使用、泄露或者向他人提供军事数据；不得干扰影响军队信息网络系统正常运行，违规获取数据。

第一百八十二条　军队单位应当根据工作情况，进行保密教育和保密检查，发现问题及时报告并严肃处理。

第九章　常态战备

第一百八十三条　军队单位应当高度重视战备工作，严格执行战备法规制度，紧密结合形势任务，进行经常性战备教育，增强战备观念，建立正规战备秩序，保持规定战备状态。

第一百八十四条 军队单位应当按照军队战备工作有关规定制定完善战备方案，经常组织部属熟悉方案内容，常态组织战备演练。

战备方案通常定期修订，形势任务和编制、人员、装备、战场环境等情况发生变化时应当及时修订。

第一百八十五条 战备物资应当结合日常训练、正常供应周转和重大战备行动进行更新轮换，保持规定状态。战备物资不得随意动用；经批准动用的，应当及时补充。后留和上交的物资，应当建立登记和移交手续。

部队（分队）战备物资的放置，应当落实"三分四定"要求；个人运行和后留物品统一保管，并按照规定注记清楚。

第一百八十六条 部队（分队）应当按照军队战备工作有关规定保持人员在位率和装备完好率（在航率），保持作战应用系统常态化运行，保证随时遂行各种任务。

第一百八十七条　部队（分队）应当根据上级的紧急战备号令，或者在下列情况下实行紧急集合：

（一）发现或者遭到敌人的突然袭击；

（二）受到火灾、洪涝、台风、地震等自然灾害威胁或者袭击；

（三）上级赋予紧急任务或者发生其他重大突发情况。

第一百八十八条　部队（分队）首长应当预先制定紧急集合方案。紧急集合方案主要明确下列事项：

（一）紧急集合场的位置，进出道路及其区分；

（二）警报信号和通知的方法；

（三）各分队（全体人员）到达集合场的时限；

（四）着装要求和携带的装备、物资、粮秣数量；

（五）调整勤务的组织和通信联络方法；

（六）值班分队的行动方案；

（七）警戒的组织，伪装、防空和防核、防化学、防生物以及防燃烧武器袭击的措施；

（八）留守人员的组织、不能随队伤病员的安置和物资的处理工作；

（九）特情处置预案。

第一百八十九条　部队（分队）接到紧急集合命令（信号），应当迅速有序按照紧急集合方案，准时到达指定位置，完成战斗或者机动的准备。

部队（分队）首长根据情况及时调整警戒，督促全体人员迅速集合，检查人数和装备，采取保障安全的措施，指挥部队（分队）迅速执行任务。

第一百九十条　连级单位每月，营级单位每季度，旅、团级单位每半年进行 1 次紧急集合演练，检查战斗准备状况，锻炼提高部队（分队）紧急行动能力。

紧急集合演练具体时间由部队（分队）首

长根据任务和所处环境等情况确定。

第一百九十一条 军队单位应当按照军队战备工作有关规定，周密组织有关节日或者重要时节战备工作。

有关节日或者重要时节前，应当组织战备教育和战备检查，视情修订战备方案，落实各项战备保障措施。

有关节日或者重要时节期间，应当加强战备值班。担负战备值班任务的部队（分队），做好随时出动执行任务的准备。

有关节日或者重要时节结束后，应当逐级上报战备情况，组织部队（分队）恢复经常性戒备状态。

第十章 军事训练

第一百九十二条 军队单位应当聚焦备战打仗，坚持实战实训、联战联训、科技强训、依法治训，发扬优良传统，强化改革创新，推动构建新型军事训练体系，全面提高训练水平和打赢能力。

第一百九十三条　军队单位应当加强军事训练管理，坚持以军事训练为中心筹划安排各项工作，加强对军事训练的组织领导，建立和督导落实军事训练责任制，从实战需要出发从难从严组训。

第一百九十四条　军队单位应当严格落实军事训练基本制度，坚持按纲施训，正规训练秩序，强化作风养成，端正训风、演风、考风，确保兵力、内容、时间、质量落实。

第一百九十五条　军队单位应当树立正确安全观，坚决克服以牺牲战斗力为代价消极保安全，坚决杜绝无视安全风险违规施训，严格训练、科学训练、安全训练。

第一百九十六条　军队单位应当把战时管理作为军事训练演习演练的重要内容，一体筹划部署、一体组织实施、一体检查评估，强化部队为战抓管意识，提高部队战时管理水平。

第一百九十七条 军人应当严格执行军事体育训练内容和标准，落实军人体型达标要求，练好基础体能，练强战斗体能，练精实用技能，提高完成高强度任务的身心适应能力。

第十一章　日常管理

第一节　零散人员管理

第一百九十八条 军队单位应当加强对单独执行任务人员、休假人员、公勤人员、伤病员、免职人员、离队报到前的退役军人等零散人员的教育管理，督促其保持良好形象和严格作风纪律，自觉维护军队荣誉。

第一百九十九条 单独执行任务人员管理，执行下列规定：

（一）上级领导、机关应当根据任务性质、时限和所处环境，明确单独执行任务人员的责任，提出要求、交代注意事项，并掌握人员思想和工作情况，及时给予帮助、指导和解决实际问题；

（二）2 人以上执行任务时，应当根据任务性质、人员数量组成临时班、组，并指定班长、组长；执行重要任务或者 10 人以上执行任务时，应当指定军官负责；

（三）单独执行任务人员应当遵纪守法，严格执行法规制度，按照上级意图积极完成任务，并主动与上级领导、机关保持联系；时间较长时，应当定期汇报思想和工作情况，遇到重要问题及时报告。

参加国家和地方文艺、体育、教育、医疗卫生、科研等团体及其活动的人员，除执行前款规定外，还应当服从相关主管单位管理，维护军政军民团结，展示军队良好形象。

赴国外（境外）执行交流、访问、学习、竞赛等任务的人员，除执行本条第一款规定外，还应当按照规定接受驻外武官机构管理；驻外武官机构应当加强对赴国外（境外）人员的教育管理，帮助解决实际问题，定期向有关部门报告情况，发现违纪违法行为以及发生涉外纠纷、事故和案件问题时，及时报告并协助处理。

第二百条 休假人员管理，执行下列规定：

（一）休假主要用于休息和处理个人事务；

（二）休假人员应当按照批准的时间、地点、路线、事由执行；需要更改时，应当及时向单位首长报告；

（三）休假人员应当保持通信联络畅通，保证单位遇有紧急情况时能够及时取得联系；

（四）休假人员应当严格自我要求，防范酒驾醉驾、打架斗殴、酒后滋事等违纪违法问题发生；发生纠纷、事故和案件问题时，应当及时向单位首长报告，坚持依法办事，依靠军队单位和地方人民政府妥善处理。

第二百零一条 公勤人员管理，执行下列规定：

（一）公勤人员应当按照编制配备，不得超编或者占用；

（二）公勤人员的选用由所在单位推荐、使用单位考察；重要岗位的公勤人员应当经政治考核合格后方可选用；不合格的公勤人员应当及时调换；

（三）公勤人员通常集中居住，统一教育管理；

（四）公勤人员应当坚持一日生活制度；除因工作需要或者其他原因并经所在单位领导批准外，应当参加早操、点名等集体活动。

团级以上单位可以根据前款规定，结合实际制定公勤人员管理的具体办法。

第二百零二条 伤病员管理，执行下列规定：

（一）伤病员住院前，单位首长应当向其明确注意事项，必要时派人护送；

（二）伤病员住院期间，由军队医疗卫生机构负责管理，对不服从管理、违反纪律者，应当及时通知其所在单位严肃处理；伤病员应当遵守军队医疗卫生机构的规定，服从管理；伤病员所在单位应当主动了解伤病员的病情以及住院期间的表现，对长期住院者应当适时看望；

（三）伤病员出院时，军队医疗卫生机构应当对其住院期间的表现作出鉴定，并将伤病员出院时间提前通知其所在单位，所在单位通常派人将其接回；军队医疗卫生机构无权在伤病员出院时批准其休假；

（四）出院人员和外出看病就诊后的人员，应当及时、直接返回所在单位，不得私自回家或者绕道他地。

疗养员、陪护人员的管理，参照前款规定执行。

第二百零三条 免职人员管理，执行下列规定：

（一）免职人员所在单位应当按照规定对其进行领导和管理，掌握思想情况，帮助解决实际问题；

（二）免职人员应当遵守各项法规制度，自觉参加集体学习、教育等活动，认真完成单位赋予的各项任务。

第二百零四条 离队报到前的退役军人管理，执行下列规定：

（一）退役军人离队前，上级领导、机关应当与退役军人及时谈心交心，提出要求，并掌握其思想和安置情况，及时给予帮助、指导和解决实际问题；

（二）离队报到前的退役军人应当遵纪守法，严格执行法规制度，主动与上级领导、机关保持联系，并定期汇报思想和安置情况，遇到重要问题及时报告。

第二节 军人健康管理

第二百零五条 军队单位应当严格执行军人健康管理有关规定，积极开展健康教育、健康检查、疾病防护和心理健康服务等活动，增强官兵的身体素质和心理素质。

第二百零六条 新兵编入部队前，应当组织集体检疫，进行包括理发、洗澡、换衣在内的卫生整顿和体格复查，以及卫生防病知识教育和预防接种。

第二百零七条　军队单位应当经常组织健康教育，督促官兵掌握基本的卫生保健知识，养成良好的卫生习惯，培养健康的生活方式，提高自我防病、防护和自救互救能力。提倡不吸烟。

第二百零八条　军队单位应当深入开展爱国卫生活动，整治环境卫生，搞好卫生设施建设和管理，保持室内和公共场所的清洁，促进形成讲卫生、爱清洁的良好风尚。

第二百零九条　军队单位应当组织军人健康体检，通常每年安排1次；从事饮食服务、饮用水管理工作的人员，以及特殊作业岗位、执行特殊任务的人员，其健康体检按照军队有关规定执行。健康体检应当建立电子健康档案。对查出患有疾病的人员，应当及时治疗。

第二百一十条　军人患病，应当及时将病情报告直接首长，经批准前往就医，由经治医师决定门诊、住院或者回队治疗，并根据病情开具相关证明。对急症病人，军队医疗卫生机构应当随时诊治。

第二百一十一条　军队单位应当重视军人疗养工作，严格落实疗养计划。军队医疗卫生机构应当加强对疗养员实施的增强体质、提高军事作业能力、防治疾病、促进康复等健康服务保障，提高疗养质量和效果。

第二百一十二条　军队单位应当重视部队训练和军事作业中的卫生安全与防护，遵循医学科学规律，合理安排训练科目与强度，加强卫生防护指导，预防和减少训练伤、职业损伤。

第二百一十三条　军队单位应当重视心理健康服务，组织经常性心理健康教育，做好心理评估、心理咨询和心理训练等工作；发现精神心理障碍或者疑似人员，应当及时送诊就医。

第二百一十四条　军队单位驻地发生疫情或者部队（分队）进入疫区，应当严格做好防疫、检疫工作。对来自疫区的人员，应当实施全员检疫。发现传染病病人或者疑似传染病病人，应当根据病种迅速采取预防控制措施，做到早发现、早报告、早隔离、早治疗。

军人应当严格遵守国家和军队传染病防治有关规定，积极配合做好检查、检疫、隔离、防护等防疫工作。

第三节　伙　食　管　理

第二百一十五条　军队单位应当重视伙食管理，分工专人负责，科学调剂伙食，保证营养均衡，讲究色香味形，提高饭菜质量；改善就餐环境，节约食物、燃料和用水，制止餐饮浪费行为；关心伤病员的饮食，尊重少数民族官兵的饮食习惯，执行食物定量标准，并在任何情况下保证官兵基本的饮食需要。

第二百一十六条　军队单位实行分餐制度，分餐采取自助餐或者专人分餐的形式组织。食物的采购、制作、存放应当符合卫生要求。食堂应当保持清洁，配置消毒、防蝇、防鼠、防虫和流水洗手、洗碗等设备。炊事用具用后应当洗净，放置有序。公用餐具和个人餐具应当洗净、消毒，防止传染病和食物中毒。

第二百一十七条　基层伙食单位除零星分散组伙单位外，应当至少保持1名具有等级厨师水平的炊事员在岗；发现炊事人员患有传染病和化脓性、渗出性皮肤病等疾病，应当立即调离诊治。

基层伙食单位应当设厨房值班员，每天由指定的1名副班长或者士兵轮流担任，主要承担给养物资入库验收、逐日消耗登记，督促按时制作饭菜和留样，监督检查食堂卫生，通知做病号饭和给执勤、外出人员留饭等工作。

基层单位首长在节假日应当参加和组织官兵帮厨，安排炊事人员轮休，保证炊事人员劳逸结合。

第二百一十八条　基层伙食单位应当每周制订食谱。食谱由司务长、给养员、炊事班班长提出，经军人委员会审查、本单位首长批准，由负责军需工作的业务部门审定后公布实施。

基层伙食单位应当逐日登记给养消耗。每日消耗的主副食品、调料和燃料，由炊事班班长、给养员和厨房值班员共同称量登记，并签字确认。

基层伙食单位应当按时公布伙食账目；月终结账后，应当编制伙食账目公布表，由军人委员会和单位首长审查盖章并及时公布。

第二百一十九条　军人不得从基层伙食单位购买食物；家属来队无法在驻地购买的，可以按照采购价从基层伙食单位购买。

外单位人员和军人家属来队在基层单位就餐，应当按照规定交纳伙食费。

义务兵和供给制学员请事假回家期间，供给制学员寒假（暑假）不在食堂就餐期间，按照规定退伙。

营级以下分队与义务兵同餐的军官、军士、舰艇、空勤人员，休假和家属临时来队不在食堂就餐期间，按照规定退伙，但每年累计退伙天数分别不得超过 30 日。

第二百二十条　旅、团级单位生活服务中心统一组织伙食单位所需主副食品、炊事燃料的筹措供应和经费结算，以及上级赋予的其他饮食保障工作。

生活服务中心实施服务和保障，不得创收营利。供应的食品应当保证质量，确保安全，其价格不得高于当地市场价格，优惠幅度根据当地市场供应情况确定。

第二百二十一条　实行饮食社会化保障的单位，应当建立健全伙食管理机制，加强对伙食质量、价格、卫生等方面的监督。

第四节　财务和资产管理

第二百二十二条　军队单位应当加强对财务工作的领导，坚持作战牵引、服务官兵、监督严格、勤俭节约的原则，严格落实经费领报、审核报销、经费核算、资金管理、实物验收、账目公布、财务交接等制度。

第二百二十三条　军队单位和军人应当严格遵守财经纪律，加强财务监督，不得侵占官兵经济利益，不得虚报冒领经费物资，不得用公款公物请客送礼，不得拖欠、克扣、挪用经费，不得扩大经费保障范围，不得设立账外账和"小金库"，不得私分公款公物，不得出租、出借银行账户，不得私借公款和公款私存，不得报销应当由个人支付的费用。

第二百二十四条　军队单位和军人应当严格按照经费标准和供应实力领报各项经费。

基层单位对掌管的各项经费，应当建立账目、及时记账，做到日清月结、账款相符、精打细算；按照规定范围计划开支，及时公布，定期检查；对代领代报的工资、津贴、探亲路费、差旅费等经费，按时领取，及时发放和结算。

第二百二十五条　现金和票据管理，应当做到收支有据，手续齐全，保管安全。

第二百二十六条　军队单位应当严格落实

全口径、全寿命、全成本和规范化管理要求，加强资产管理监督，满足资产保障需求。

第二百二十七条 军队单位应当严格落实资产源头编目编码、打码贴签等规定，进行资产入账登记和会计核算，不得形成账外资产。

军队单位应当建立资产日常管护制度，明确资产使用人、管理人，规范使用流程，保持资产良好状态。

军队单位应当按照规定组织资产退役、报废，及时移交空余闲置资产；在规定权限内自行组织退役、报废形成的收益，应当按照军队财务管理有关规定上缴，实行收支两条线管理。

第五节　装　备　管　理

第二百二十八条 军队单位应当严格执行装备管理法规制度，加强日常管理，保持装备良好技术状况。

军队单位应当加强各类器材、教具和设备的管理，严格落实保管制度，认真维护，适时检查，正确使用，防止丢失和损坏。

第二百二十九条　军队单位应当按照规定进行爱装管装教育，除结合训练、执勤进行教育外，在新兵入伍、部队改装（换装）、年度装备普查等时机，应当组织专业教育，使官兵增强爱护装备的意识，掌握装备使用、保管、维护、检查的方法。

第二百三十条　各级首长、机关对所属部队主要使用的装备，应当做到熟悉数量质量情况、基本性能、日常管理制度、作战运用。装备操作人员应当熟练掌握配发或者分管装备的技术性能，会操作使用、会检查、会维护、会排除一般故障。

第二百三十一条　装备的使用，执行下列规定：

（一）按照编配用途和技术性能使用装备，按照规定填写装备履历书、证明书；

（二）掌握装备的技术性能，严格遵守操作规程和安全规定；

（三）装备不得挪作他用；禁止擅自动用非掌管的装备；

（四）封存的装备，不得违规动用；紧急情况下动用，应当由装备实力所在团级以上单位批准，并及时向上一级单位装备部门备案；

（五）弹药的使用遵循"用旧存新，用零存整"的原则，严格执行启封规定；

（六）注意节约弹药、油料、器材和其他物资；

（七）已批准退役、报废的装备，应当单独存放并作出标志，不得继续使用；对能够拆件利用的，应当按照规定的权限和程序报经批准，禁止擅自拆卸。

第二百三十二条　装备的保管，应当做到无丢失、无损坏、无锈蚀、无霉烂变质，并执行下列规定：

（一）存放装备的各类库室和场所，应当符合技术标准和安全要求；

（二）兵器室应当设置完备的安全设施，

并设双锁，钥匙由连队主官和军械员分别掌管；枪、弹应当分室或者分柜存放，每周清点不少于2次，动用后应当及时清点；

（三）各类装备应当按照规定分类放置，酸、碱、有毒、易燃、易爆物品必须单独存放，严格落实安全措施；

（四）存放的装备必须账、物、卡相符，禁止留存账外装备；

（五）禁止任何单位或者个人擅自拆卸、价拨、馈赠、出借、交换、出租装备；

（六）装备的交接和送修，应当严格手续，及时登记统计；装备的损失和消耗，应当如实上报。

第二百三十三条 装备的维护，执行下列规定：

（一）兵器室集中保管的轻武器，每周擦拭或者分解擦拭1次；随身携带的轻武器每日擦拭1次；用于训练、执勤的轻武器，每次使用后擦拭和每周分解擦拭1次，实弹射击后应当分解擦拭；擦拭武器包括对武器及其配套的器材进行清洁、润滑、调整和更换油液，由班、组和使用人员实施；其他装备器材的维护，按照军队装备管理有关规定执行；

（二）装备除定期维护外，使用之后或者被雨、雪、雾、露浸湿和泥沙沾污的，应当及时维护；

（三）对封存和外出人员留下的装备，应当指定专人定期维护；

（四）发现装备损坏，应当及时上报，并根据损坏程度及时组织修复；本单位不能修复的，应当按照上级要求组织送修或者就地修理。

第二百三十四条 装备的检查，执行下列规定：

（一）主要检查装备的类型、数量、质量、完好率（在航率）和制度落实等情况；

（二）对随身携带或者用于训练、执勤的武器，连级单位每日、营级单位每月检查和清点1次；对集中保管的轻武器和大型装备，班每周、排每半月、连级单位每月、营级单位每季度至少检查和清点 1 次；班、排的检查与维护一并进行；

（三）师、旅、团级单位每年至少组织 1 次装备普查或者点验；

（四）装备除定期检查外，在使用前和使用后应当进行检查；

（五）装备的技术性能检查（检测、测试），通常与装备的维护一并进行。

第二百三十五条 装备场区的管理，执行下列规定：

（一）根据任务、所处条件和装备数量，按照实用、安全、坚固、环保、节能的要求，设置相应装备场区；不便于设置装备场区的单位，应当执行装备场区的有关规定；

（二）装备场区的位置应当符合安全要求，便于装备的进出、停放、维护、修理；

（三）装备应当按照队列顺序停放；封存装备和常用装备应当分开；

（四）装备场区应当设置安全、消防设施，不得存放无关物资，保持进出道路畅通；

（五）装备出场前，应当组织技术检查，回场后及时检查、维护。

第二百三十六条 装备场区值班员由部队（分队）首长指派，受部队（分队）首长领导和业务部门指导，履行下列职责：

（一）掌握装备的类型、数量、动态、停放位置以及技术状况，监督场内技术勤务工作的实施；

（二）维护场区内秩序和整洁；

（三）管理场区内设施设备，使其经常保持良好状态；

（四）严格人员、装备出入手续，并进行登记；

（五）发生异常情况时，立即处置和报告。

必要时，装备场区可以增设值日员，协助值班员工作。

第六节 车辆的使用管理

第二百三十七条 军队单位应当严格按照车辆编配用途、性能和规定的动用数量、行驶区域使用车辆，按照规定组织车辆初驶、封存、启封、维护和检查，准确掌握车辆的动用、数量、性能、车公里消耗和维护等动态情况。

第二百三十八条 军队车辆驾驶人员，应当严格遵守道路交通安全法律法规和军队车辆使用管理有关规定，随身携带身份证件、军队车辆驾驶证、行车执照和派车命令，不得持军队车辆驾驶证驾驶地方车辆，不得持地方机动车驾驶证驾驶军队车辆。

军队单位使用信息系统派遣车辆的，应当将电子派车命令提供驾驶人员或者用车人员，作为外出军车接受检查纠察的有效凭证。

第二百三十九条 公务用车实行集中管理。不得公车私用，不得用于个人接待、旅游等非公务活动，不得将除专车外的公务用车作为个人固定或者变相固定用车。

军人休假、家属临时来队和家属遇有疾病等情况时，所在单位可以安排车辆到单位驻地的车站、码头、机场、医院接送。

第七节　智能电子设备和国际互联网的使用管理

第二百四十条　军队单位应当对所属人员使用的智能手机、智能手表、智能手环、智能眼镜等电子设备，实行实名制管理，对品牌型号、手机号码、媒体账号等信息进行登记备案。

军队单位和军人在智能电子设备使用管理中，应当尊重和保护官兵个人隐私；未按照国家法律和军事法规有关规定报经批准，不得利用信息技术手段进行检查、监管。

第二百四十一条　军人使用私人智能电子设备，应当遵守下列规定：

（一）不得在执行作战、战备、训练、演习、执勤等任务时携带和使用；

（二）不得带入作战室、情报室、机要室、保密室、值班室、会议室、文印室、传真室，以及通信枢纽、重要仓库、导弹阵地、装备试验场、战场设施等涉密场所和重要办公场所；

（三）不得存储涉及军事秘密的部队番号、军线电话号码和军人职务等信息；

（四）不得存储、谈论、发布、传播军事秘密和涉军敏感信息；

（五）不得联接涉密计算机、军队信息网络系统；

（六）不得在涉密公务活动中使用录像、录音、拍照和定位功能；

（七）不得使用军队明令禁止使用的智能电子设备。

第二百四十二条 军用移动电话主要用于各级首长、机关、部队军事行动和日常办公的通信保障，使用时应当遵守下列规定：

（一）不得带入重要涉密场所和会议活动明确的禁用区域；

（二）不得谈论、传输、处理、存储超出防护等级的信息或者长期存储涉密数据信息；

（三）不得与国际互联网、其他民用网络及非专用计算机、民用电子设备联接；

（四）不得与外国人或者在外国驻华使馆（领事馆）、机构和国际组织工作的人员通信；

（五）不得私自出借或者转让给他人使用；

（六）不得未经审批携带出国（境）；

（七）不得故意损毁、拆装或者到地方单位维修。

第二百四十三条　连队官兵在休息日、节假日和由个人支配的课外活动时间，可以使用私人智能电子设备；其他时间，通常以班、排或者连队为单位集中保管。

连队以及其他类型单位官兵使用私人智能电子设备的具体管理办法，由团级以上单位结合实际制定。

第二百四十四条 军队单位使用国际互联网，应当按照规定履行审批手续，做到专机入网、专室放置、专盘存储、专人管理；使用中，应当落实上网登记、终端管理、安全防护、保密检查、技术服务等制度。

军队单位和军人使用国际互联网，应当遵守下列规定：

（一）不得将涉密计算机联接国际互联网；

（二）不得在涉密计算机上安装、使用无线上网卡；

（三）不得开通涉密计算机红外、蓝牙等无线联接、传递功能；

（四）不得将使用无线上网卡的私人计算机和具有无线联网功能的可穿戴设备带入涉密场所；

（五）不得在联接国际互联网的计算机上使用涉密或者曾经涉密的移动存储载体；

（六）不得在联接国际互联网的计算机上存储、处理或者传递涉密信息；

（七）不得在联接国际互联网的计算机上存储显示军人身份的信息；

（八）不得将计算机在军队内部网络和国际互联网之间交叉联接；

（九）不得将存储载体在涉密计算机和联接国际互联网的计算机之间交叉使用。

第二百四十五条 军人使用国际互联网，除遵守本条令第二百四十四条的规定外，还应当按照下列规定管控个人网络行为：

（一）不得登录非法网站，不得浏览有政治性问题的网页；

（二）不得在国际互联网上谈论、发布、传播、泄露涉密和敏感信息；

（三）不得在国际互联网开办网站（频道）、客户端和手机报，以及违规注册公众账号、应用号等各类新媒体账号；

（四）不得使用部队番号、代号和军人身份申请手机号码、注册微信等社交媒体账号，以及建立 QQ 群、微信群、微博群等网络社群；

（五）不得在网络购物、邮寄物品、使用共享交通工具等需要填写单位、身份等信息时，使用军人身份和涉及军事秘密的部队番号等信息；

（六）不得沉迷于网络游戏、网络打赏，不得违规进行网络直播；

（七）不得参与网络赌博、非法网贷、网上不正当交往等违纪违法活动。

第二百四十六条 军队单位应当在禁止使用智能电子设备的场所设置禁用标志和存放设施，在重要涉密部位配置有效的技术管控设备，在核心涉密场所进行严格检查，防止违规带入、使用智能电子设备。

第八节 证件和印章管理

第二百四十七条 军官证、军士证、义务兵证、学员证等军人身份证件，由制发部门统一印制、发放。军人在执行任务、办理公务、享受抚恤优待等时机，需要证明军人身份的，凭军队制发的身份证件或者证明材料。

第二百四十八条 军人身份证件应当妥善保管，不得转借、复制、伪造、涂改，防止遗失和损坏，外出时随身携带。

第二百四十九条 军人在军人身份信息发生变动或者退出现役时，应当及时上交原军人身份证件，换发新证件；被开除军籍、除名的，应当收缴其军人身份证件以及军队制发的其他有效证件。

第二百五十条 军人身份证件遗失或者损坏影响使用的，应当及时报告发证机关，经团级以上单位审查批准后补发。

第二百五十一条 军人使用居民身份证，应当遵守国家有关法律法规，并执行下列规定：

（一）不得持居民身份证办理军队禁止的事项；

（二）持居民身份证办理出国（境）、婚姻登记等手续，应当按照规定报经批准；

（三）申领、补领、换领居民身份证，应

当遵守保密规定，只提供办理居民身份证所需个人信息，不得提供涉密信息。

军人的居民身份证由本人保管使用。团级以上单位应当建立所属人员居民身份证备案制度，并在入伍登记表等个人档案资料中载明其公民身份号码。

第二百五十二条　军人不得私自办理和留存护照、往来港澳通行证、大陆居民往来台湾地区通行证。入伍时或者出国（境）返回后，应当及时将持有的护照和通行证交有关部门统一保管。

第二百五十三条　印章的刻制应当按照军队印章管理有关规定报经批准，到经公安部门审批的公章刻制经营单位刻制，禁止私刻公章。

使用印章应当按照规定履行审批手续，认真登记，严格用印监督，禁止利用公章谋私和开具空白信。

第二百五十四条　印章应当专柜存放，专

人监管。印章丢失应当及时上报，严格追究责任，并通报有关单位。新刻制的印章，经制发单位留存印章底样备案后方可启用；停止使用的印章，应当上缴制发单位，按照规定保存、归档或者销毁。

第九节　营区管理

第二百五十五条　军队单位应当按照实战化、正规化的要求加强营区管理，教育官兵和其他有关人员自觉遵纪守法，讲究文明，维护良好的战备、训练、工作、生活秩序，保证营区安全整洁。

第二百五十六条　营区管理，应当以营院为单位组织实施。不同建制单位同驻一个营区时，由共同的上级单位指定单位负责组织管理。

第二百五十七条　营区内的军事行政区和家属生活区应当设置隔离设施，实行分区管理；确实不具备隔离条件的，应当采取必要措施加

132

强营区管理。

团级以上单位可以结合实际制定家属生活区管理的具体办法。家属生活区实行社会化管理的，军队单位应当履行监管责任。

军队单位营门及其周边应当按照营门管理有关规定设置具有警示、防护、拒止、监控报警功能的隔离防护设施。

第二百五十八条 营区治安管理，执行下列规定：

（一）严格营门出入管理，人员、车辆应当凭统一制发的出入证或者其他有效认证方式出入营门；营区管理部门负责人员情况审核和出入证的制发、回收；必要时持物外出应当开具持物证明；有条件的营区，可以利用图像识别、视频监控等信息技术手段进行辅助管理；

（二）严格控制外来人员、车辆进入营区；对确需进入营区的外来人员，应当履行登记手续，检查其证件和携带物品，说明营区管理的有关要求和注意事项；必要时限定外来人员的活动区域和行动路线，指定人员全程陪同，统一保管其携带的电子设备；

（三）聘用家政服务人员和社会化保障人员，应当进行审查、登记，经批准方可聘用；

（四）快递收寄通常在营区外进行，有条件的单位可以在营门附近合理划定专门区域用于集中收寄快递；禁止快递人员独自进入营区，确需进入的，应当由接收人员办理有关手续并进行必要的安全检查；

（五）禁止流动商贩进入营区买卖或者在营门旁摆摊设点；

（六）禁止共享交通工具进入营区；具有精确定位、信息采集、自动联网、数据回传等功能的交通工具进入营区，按照军队有关智能交通工具管理的规定执行；

（七）防范和制止在营区内发生打架斗殴、酒后滋事、赌博、私藏违禁物品、非法携带国家规定的管制器具、私自使用低空慢速小型飞行器、违规燃放烟花爆竹等违反国家治安管理的行为。

第二百五十九条 营区秩序管理，执行下列规定：

（一）各种设施应当实用、耐用、简朴、环保、配套、完好，体现军事、军队特征，符合战备和安全要求；

（二）各类标志应当醒目、齐全、规范；车辆应当在指定地点停放，按照规定的路线、速度行驶；禁止鸣笛、试刹车；

（三）保持工作环境的整齐、清洁、肃静；

（四）禁止在军事行政区张贴、设立商业广告；

（五）骑自行车和驾驶其他非机动车应当符合国家和地方有关道路交通安全的规定，出入营门应当减速慢行或者停车；

（六）遵守公共场所的管理规定，做到守纪律、有秩序、讲礼貌；

（七）驻城市的单位不得在营区内饲养家

禽家畜，非驻城市的单位养殖、种植应当统一规划；饲养宠物的，应当遵守相关管理规定，不得将宠物带入军事行政区；

（八）禁止擅自砍伐树木、损坏花草、破坏绿化设施；禁止擅自挖砂、采石、取土；禁止私搭乱建；

（九）按照规定经批准对外开放的场所，应当与军事行政区隔开。

第二百六十条　军队单位应当按照国家和军队有关规定，采取环境和文物保护措施；协同地方人民政府和群众共同保护环境、文物和生态资源，防止污染以及其他公害。修建军事设施、场地，应当合理布局、绿色环保，注意保护营区内文物和古树名木。

第二百六十一条　军队单位应当加强消防知识教育，设置消防标志，制定防火措施，管好火源、电源、气源；指定专人管理各种消防设施和器材，定期组织检查，防止挪用、损坏和失效。

集中居住的团级以上单位应当指定分队兼负营区消防任务，并进行必要的消防训练；单独驻防的营级以下单位担负本营区消防任务。

第二百六十二条　军队单位根据应对公共卫生事件和社会安全事件等需要，经军级以上单位批准，可以按照下列规定对营区实施特殊管理措施：

（一）全体人员留营住宿；

（二）严格控制人员出入营区；

（三）停止批准家属来队。

实施营区特殊管理措施的事由消除后，应当及时解除；解除的决定，由批准实施的单位作出。

第十节　野营管理

第二百六十三条　部队（分队）在野外驻训、行军、宿营等野营活动前，应当认真做好准备，进行思想动员和政策纪律教育，同野营所在地区人民政府取得联系，了解当地社情和环境，协商解决部队宿营等问题。

部队（分队）应当做好野营地的预先勘察，营地设置应当符合实战要求。

第二百六十四条 野营管理，原则上执行本条令有关规定，并特别注意下列事项：

（一）切实掌握部队的思想情况，做好思想政治工作，及时发现和解决问题；

（二）结合任务和当地社情、环境等情况，制定管理措施，严格纪律，严密组织警戒警卫；必要时，应当制定应对突发情况的措施，加强战斗准备；

（三）建立顺畅的通信联络和物流渠道，必要时可以利用地方的设备资源，但应当严格执行保密规定；

（四）适当增加查铺查哨次数，严格请假销假制度；

（五）轻武器通常随身携带，也可以根据情况集中保管；车辆、火炮、机械应当停放在临时车场、炮场、机械场；履带车辆应当划定单独进出道路；增设车场、炮场、机械场值日员，实行昼夜值班；

（六）油料、炸药、弹药等易燃、易爆物品，应当分别放置在安全的地方；军需物资存放在通风和不易发生火灾的地方；存放场地应当设有消防设备、器材，并加强警戒；

（七）加强伙食保障，注意饮食卫生；搞好饮用水源的调查、保护，必要时进行化验、消毒，并派专人看管；

（八）临时厕所应当距厨房和水源50米以外；野营地应当经常打扫，在指定地点存放垃圾并及时清理；

（九）做好官兵医疗保障，开展卫生防病活动；

（十）必要时，会同地方有关部门做好安全保密工作；

（十一）露营时，应当正确选择和设置营地，并根据不同地区的特点和季节、气象变化情况，采取防冻、防暑、防洪、防山体滑坡、防台风、防雷击、防火、防潮、防疫等措施，防止人员伤亡和装备损坏；

（十二）尊重当地风俗习惯，保护生态环境和文物古迹，遵守群众纪律，维护军政军民团结。

第二百六十五条 部队（分队）离开野营地时，应当及时进行清扫，掩埋临时挖掘的厕所，清除危险物品，平复或者移交工事，清点物资，结算账目，检查遵守群众纪律情况，征求地方人民政府和群众的意见，向有关单位和群众致谢。

第十一节 安 全 管 理

第二百六十六条 军队单位应当认真履行安全管理职责，坚持管行业必须管安全、管业务必须管安全、管任务必须管安全，严格执行安全法规制度，加强安全基础建设，完善风险监测预警体系，建立健全各类安全问题防范和处置机制，防止和减少事故发生，及时妥善处理安全问题。

第二百六十七条　军队单位应当结合日常教育管理与军事训练，开展安全法规、安全常识、安全理论、安全警示教育，加强安全防护技能、安全操作技能、应急避险技能、自救互救技能训练，增强全体人员的安全意识和遵纪守法观念，提高全体人员防范事故的能力和素质。

第二百六十八条　军队单位应当坚持安全分析制度，结合研究阶段性工作、专项工作、重要任务，采取综合分析和专题分析相结合的方法，研究分析本单位安全管理状况，查找薄弱环节，总结经验教训，明确工作重点，制定安全预案，提出安全防范的对策措施。

第二百六十九条　军队单位应当对重要军事目标以及组织重大活动、执行危险性任务面临的安全风险适时进行评估，并采取相应措施规避或者降低风险，确保安全风险始终处于可控范围内。

第二百七十条　军队单位应当加强安全检查，对检查中发现的问题隐患，督促进行整改。

军委机关部门、军委联指中心、战区、军兵种、军事科学院、国防大学、国防科技大学每年，其他军级以上单位每半年，师、旅、团级单位每季度，营级以下单位每月，应当组织1次综合检查。

军队单位应当针对安全管理中的倾向性问题或者重大安全隐患，适时组织专项检查。

第二百七十一条　军队单位应当加强重点领域、重大活动、重要时节安全管理，严格落实日常管理制度和安全管理规定，突出人员、车辆、大型武器平台和重要军事目标管控，加强训练场未爆弹药安全风险防控，加强隐患排查整治，保持正规秩序，确保不发生有影响的安全问题。

第二百七十二条　发生事故和案件问题，应当按照规定及时如实上报，查明原因，正确处理，不得弄虚作假、隐情不报或者误报、漏报、延报。

第十二节　海外任务部队（分队）管理

第二百七十三条　海外任务部队（分队）及其人员除遵守本条令有关规定外，还应当遵循以联合国宪章宗旨和原则为基础的国际关系基本准则，遵守同外国、国际组织缔结或者参加的有关条约和协定，严格执行军队涉外管理有关规定，树立我军威武之师、文明之师、和平之师的良好形象。

第二百七十四条　海外任务部队（分队）人员通常着军服，因工作需要也可以着便服，在特殊岗位工作的通常着专用防护服或者工作服；非因公外出通常着便服。海外任务部队（分队）人员具体着装要求，由部队（分队）首长根据实际确定。

维和人员在执行维和任务期间的着装，按照军队参加联合国维持和平行动有关规定执行。

海外任务部队（分队）人员执行战备、警卫等任务时，通常穿戴防弹衣、头盔等防护装具。

第二百七十五条 海外任务部队（分队）年度节假日安排，通常依据国家年节及纪念日放假有关规定和通知执行。

逢驻在国或者当地节日时，通常不放假。特殊情况需要作出调整的，由部队（分队）首长确定。

第二百七十六条 驻海外基地部队和参加联合国维持和平行动的海外任务部队（分队），应当严格控制人员非因公外出；确需外出的，由部队（分队）首长批准，不得在营区外住宿。

舰艇在国外港口停靠期间，人员离舰外出比例和要求按照军队有关规定执行。

其他海外任务部队（分队）非因公外出，由部队（分队）首长根据实际确定。

第二百七十七条 符合条件的驻海外基地部队官兵配偶、子女可以赴基地探亲，具体实施办法按照军队有关规定执行。

第二百七十八条　海外任务部队（分队）应当严格控制外来人员、车辆进入营区；确需进入的，应当经部队（分队）首长批准，并对其在营区活动的时间和区域从严管控。

海外任务部队（分队）人员驾驶车辆外出时，应当遵守驻在国或者当地的道路交通法规，不得搭乘无关人员，停放时通常留人看守。

第二百七十九条　海外任务部队（分队）应当加强自身安全防护，发生涉外纠纷、事故和案件问题时，及时报告，依法处理。

第二百八十条　海外任务部队（分队）应当遵守国家和入境国（过境国）海关有关法律规定，出国离境前、回国入境前，对个人物品组织点验。

第二百八十一条　驻外武官机构的管理，参照本节有关规定执行。

第十二章　国旗、军旗、军徽的使用
管理和国歌、军歌的奏唱

第一节　国旗的使用管理和国歌的奏唱

第二百八十二条　军人应当遵守有关国旗、国歌的法律法规，维护和捍卫国旗、国歌的尊严。

第二百八十三条　下列军队单位应当每日升挂国旗：

（一）军委机关部门、军委联指中心，战区、军兵种机关，军事科学院、国防大学、国防科技大学机关；

（二）战区军种机关，新疆军区、西藏军区机关；

（三）边防海防哨所，驻边境口岸的军队外事机构，以及具备升挂国旗条件的海外任务部队（分队）。

第二百八十四条　军级以下部队和省军区

（卫戍区、警备区）、军分区（警备区），应当在工作日升挂国旗。军队院校除寒假、暑假和休息日外，应当每日升挂国旗。

前款规定的单位，在国庆节、建军节、国际劳动节、元旦、春节和国家宪法日等重要节日、纪念日，应当升挂国旗。

第二百八十五条 不同建制单位同驻一个营区的，通常由营区管理牵头单位负责升挂国旗；与地方党政机关同院区办公的军队单位，可以不单独组织升挂国旗。

第二百八十六条 军队单位举行重大庆祝、纪念活动和大型文化、体育活动，以及大型展览活动，可以升挂国旗。

驻民族自治地区的军队单位，在民族自治地方政府规定升挂国旗的纪念日和主要传统节日，可以升挂国旗。

第二百八十七条 军队单位升挂国旗，应当将国旗置于显著位置，当日早晨升起，当日傍晚降下；遇有恶劣天气，可以不升挂。

军队单位升挂国旗，不得只升不降，不得升挂和使用破损、污损、褪色或者不合规格的国旗，不得倒挂、倒插和以其他有损国旗尊严的方式升挂、使用国旗，不得随意丢弃国旗；因特殊需要以竖挂、斜插等方式使用国旗时，应当保持旗面舒展、五星处于上方位置，与使用场合、周边环境相协调。

第二百八十八条　升挂国旗的具体时间、仪式和方法，下半旗的时机、方法及其他有关事项，按照《中华人民共和国国旗法》和军队有关规定执行。

第二百八十九条　团级以上单位主官的办公室和承担外事任务的机关办公室，可以在显著位置插置国旗。插置的国旗，应当依据《中华人民共和国国旗法》的规定，选择适当的尺度，旗杆垂直，旗面自然下垂。

第二百九十条　舰艇升挂国旗的时机、程序、方法，按照军队有关规定执行。

第二百九十一条　军队单位应当在下列时

机和场合奏唱国歌：

（一）军队单位举办的庆典活动和重要集会；

（二）重要外事活动和重大国际性集会；

（三）升挂国旗仪式；

（四）其他应当奏唱国歌的时机和场合。

第二节　军旗的使用管理和军歌的奏唱

第二百九十二条　军旗包括中国人民解放军军旗（旗面式样见附件一）和中国人民解放军军种军旗。军旗是中国人民解放军的战斗旗帜，是中国人民解放军的标志，是中国人民解放军荣誉、勇敢和光荣的象征。

军人应当尊重、爱护和保卫军旗。

第二百九十三条　中国人民解放军军旗的授予范围：

（一）军委机关部门、军委联指中心，战区、军兵种，军事科学院、国防大学、国防科技大学；

（二）战区军种，新疆军区、西藏军区；

（三）军级建制单位，不包括机关部门、机关部门内设机构、老干部服务保障机构和临时机构；

（四）师、旅、团级建制单位，不包括机关部门、机关部门内设机构、机关直属单位、机关附属单位、人民武装部、老干部服务保障机构和临时机构；

（五）中央军委明确授予军旗的其他单位。

军种军旗的授予，由相关军种提出建议，报中央军委批准。

第二百九十四条　授予中国人民解放军军旗的单位执行作战任务，应当使用军旗；军旗通常置于指挥机构位置。

平时，中国人民解放军军旗可以在下列时机和场合使用：

（一）军队单位组建仪式和军人宣誓、退役仪式等；

（二）演习、比武等重大军事训练活动；

（三）抢险救灾、海上护航等重大军事

行动；

（四）检阅（校阅），重要典礼、纪念活动和重大节日的集会；

（五）中国人民解放军仪仗司礼大队迎外仪仗仪式。

军种军旗通常在军种纪念日庆典活动和军种担负外事任务单位的迎外仪仗仪式中使用。

使用军旗应当报本单位主官批准，不得超出规定的使用范围。

第二百九十五条　军旗的制发和保管，应当遵守下列规定：

（一）军旗由军委后勤保障部统一组织制作，其他任何单位和人员不得私自制作；

（二）军旗的请领经军委改革和编制办公室核准后，由军委后勤保障部发放；军旗出现破损、污损、褪色、锈蚀等影响军旗庄严的情况，应当及时更换；

（三）军旗保管应当专人负责，定期检查和晾晒，防止损坏、丢失；军旗不得外借；

（四）军旗应当永久保存，不得销毁；因单位等级调整、外事任务取消、更换新军旗等情况，不再使用的军旗应当陈列于本单位军史场馆或者存放于上级单位军史馆；撤销单位的军旗，交由上级单位的军史场馆或者档案馆保管。

第二百九十六条　任何单位和个人未经批准不得使用军旗旗面图案。因工作需要使用军旗旗面图案，应当报本单位主官批准。使用军旗旗面图案，应当严肃、庄重，不得修饰。禁止将军旗及其旗面图案用于商业广告和有碍军旗庄严的装饰或者场合。

因影视摄制、文艺演出需要，经军级以上单位政治工作部门批准，可以制作和使用与军旗相仿的演出器材。

第二百九十七条　中国人民解放军军歌（见附件三）是中国人民解放军性质、宗旨和精神的体现。

公民经批准服现役或者预备役后，应当学

唱军歌。军队单位在国庆节、建军节等重大节日组织集会，应当奏唱军歌。

第二百九十八条　军歌可以在下列时机和场合奏唱：

（一）军队单位举办的庆典和重要集会；

（二）重要外事活动和重大国际性集会；

（三）部队迎军旗、检阅（校阅）、队列行进和集会；

（四）其他维护、显示军队威严的时机和场合。

第二百九十九条　军歌不得在下列时机和场合奏唱：

（一）丧事活动；

（二）舞会、一般联谊会等娱乐活动；

（三）商业活动；

（四）其他不宜奏唱军歌的时机和场合。

第三百条　奏唱军歌时的礼节，按照本条令第五十三条第二款规定执行。

第三百零一条　军歌通常不与其他歌曲紧

接奏唱。举行接待外国军队宾客的仪式和在我国举行由军队主办的国际性集会时，可以联奏有关国家的军歌。

第三节　军徽的使用管理

第三百零二条　中国人民解放军军徽（式样见附件二）是中国人民解放军的象征和标志。

军人应当爱护军徽，维护军徽的尊严。

第三百零三条　军徽及其图案可以用于帽徽、领花、臂章、勋章、奖章、纪念章、奖状、奖牌、车辆、舰艇、飞机、重要建筑物、会场主席台等处。

第三百零四条　使用军徽及其图案，应当严肃、庄重，严格按照比例放大或者缩小。悬挂军徽，应当置于显著位置。不得使用破损、污损、褪色或者不合规格、颜色的军徽。

第三百零五条　禁止将军徽及其图案用于商业广告和有碍军徽庄严的装饰或者场合。

第十三章 附　　则

第三百零六条　本条令中下列用语的含义：

（一）军人，是指在中国人民解放军服现役的中华人民共和国公民。

（二）连队，是指建制连和经军级以上单位认定需要按照建制连模式管理的队、站、室、所、库等基层单位。

（三）驻地，是指军队单位驻扎的地级以上城市或者地区；驻地周边，是指驻地以外与营区直线距离陆上不超过 150 公里、海上不超过 30 海里且单程通行时间不超过 3 小时的区域。

（四）人员在位率，是指在位人数与编制人数之比。在位人数，是指除借调帮助工作（1 个月以上）、送学、培训、休假、疗养、住院的人员和进行入伍训练的新兵外，其余人员的数量。请假外出、因公出差、回家住宿的人数计入在位人数。借调帮助工作 1 个月以上人数计入借调单位在位人数。

（五）留营住宿，是指官兵在营区内集体宿舍或者办公场所居住。

（六）海外任务部队（分队），是指驻海外基地部队，以及出国执行联合国维和行动、国际救援、军事援助、护航出访、撤离海外中国公民、中外联演联训、国际军事比武竞赛、仪仗司礼等任务的部队（分队）或者团组。

（七）军队有关规定，包括军事法规、军事规章和中央军委以及军委机关部门、军委联指中心、战区、军兵种、军事科学院、国防大学、国防科技大学制定的军事规范性文件。

本条令所称"以上"、"以下"，包含本级、本数。

第三百零七条 中国人民武装警察部队适用本条令。

第三百零八条 军队文职人员的管理，按照军队有关规定执行。

第三百零九条 军队单位根据本条令授权制定的规定，应当报上一级单位备案；上一级单位发现与本条令规定不一致的，应当责令制定单位纠正。

第三百一十条 中央军委对战时管理另有规定的，按照有关规定执行。

第三百一十一条 本条令自 2025 年 4 月 1 日起施行。2018 年 4 月 4 日中央军委发布的《中国人民解放军内务条令（试行）》同时废止。

附件一 中国人民解放军军旗旗面式样（略）

附件二 中国人民解放军军徽式样（略）

附件三 中国人民解放军军歌（略）

附件四 报告词示例

报告词应当简明、扼要，其内容通常包括报告对象、报告单位、正在进行的工作或者活动、报告人的职务和姓名（对直接首长不报告报告人的职务和姓名）。示例如下：

一、向中央军委主席报告

1. 中央军委主席检阅部队时，某战区司令员担任阅兵总指挥，报告词为："主席同志，受阅部队列队完毕，请您检阅，阅兵总指挥××战区司令员×××"；驻香港部队司令员担任阅兵指挥时，报告词为："主席同志，受阅部队列队完毕，请您检阅，驻香港部队司令员×××"。

2. 中央军委主席视察空军某旅某营时，营长的报告词为："主席同志，空军×旅×营正在进行××训练，请您指示，营长×××"。

二、向其他首长报告

（一）向直接首长报告

1. 陆军某旅某营早操各连集合整队完毕，连长向营长的报告词为："营长同志，×连应到××名，实到××名，请指示"；营早操进行中遇见旅长，营长向旅长的报告词为："旅长同志，×营正在出操，请指示"。

2. 海军某舰列队接受支队长检查时，舰长向支队长的报告词为："支队长同志，××舰列队完毕，请指示"。

3. 空军某旅某飞行大队正在进行技战术研究时，大队长向旅长的报告词为："旅长同志，×大队正在进行技战术研究，请指示"。

4. 火箭军某旅某营正在进行装备操作训练时，营长向旅长的报告词为："旅长同志，×营正在进行装备操作训练，请指示"。

（二）向非直接首长报告

1. 陆军某旅某连正在进行队列训练时，连长向旅长的报告词为："旅长同志，×营×连正在进行队列训练，请指示，连长×××"。

2. 海军某舰某班正在组织学习时，支队长登舰检查，班长向支队长报告，报告词为："支队长同志，××舰×班正在组织学习，请指示，班长×××"。

3. 空军某旅机务大队正在组织机务工作时，机务大队长向不知道其职务的首长的报告词为："少将同志，×旅机务大队正在组织机务工作，请指示，大队长×××"。

4. 火箭军某旅某营正在进行技术测试时，向不知道其职务的首长的报告词为："上校同志，×旅×营正在进行技术测试，请指示，营长×××"。

附件五　军服的配套穿着规范（略）

附件六　宿舍物品放置方法

床铺应当铺垫整齐。被子竖叠3折，横叠4折，叠口朝前，置于床铺一端中央。战备包（枕头）通常放在被子上层，也可以放于被子一侧或者床头柜（床下柜）内。

蚊帐悬挂应当整齐一致，白天可以将外侧两角移挂在里侧两角上，并将中间部分折叠整齐；也可以取下叠放。

穿大衣的季节，白天不穿大衣时，应当折叠整齐，置于被子上面（下面），或者统一置于物品柜内。大衣长久不穿时，应当统一放在储藏室或者个人运行包内。

经常穿用的鞋置于床下地面上，有条件的放在床下柜或者床下鞋架上，放置的数量、品种、位置、顺序应当统一。

衣帽和腰带通常按照腰带、军衣、军帽的顺序挂在衣帽钩上，也可以置于床铺上。

洗漱用具通常放在宿舍内，有条件的也可以放在洗漱室内，毛巾统一晾置在绳、架上。

背包带通常缠好压在床铺一端褥子下面，也可以放于床头柜（床下柜）内。挎包、水壶、雨衣统一放在柜内或者挂载于战斗携行具上、装于突击背包内，摆放顺序、位置应当统一。

暖瓶、水杯、报纸等物品的放置应当统一。

便携式折叠写字椅放置位置应当统一，可以集中放在室内适当位置，也可以分散放在各自床下一端。

附件七　连队要事日记式样（略）

附件八　军人发型示例（略）

中华人民共和国中央军事委员会命令

军令〔2025〕19 号

　　《中国人民解放军纪律条令》已经 2025 年 2 月 7 日中央军委常务会议通过，现予发布，自 2025 年 4 月 1 日起施行。

主席　习近平

二〇二五年二月十四日

中国人民解放军纪律条令

目　　录

第一章　总　　则

第一条　为了加强中国人民解放军的纪律建设，维护和巩固铁的纪律，确保军队绝对忠诚、绝对纯洁、绝对可靠，保证军队的高度集中统一，加强革命化、现代化、正规化建设，巩固和提高战斗力，根据《中华人民共和国国防法》、《军队功勋荣誉表彰条例》等法律法规，制定本条令。

第二条　本条令是中国人民解放军维护纪律、实施奖惩的基本依据，适用于中国人民解放军军人和单位（不含企业事业单位），以及参战和被召集参加军事训练、担负战备勤务、执行非战争军事行动任务的预备役人员。

第三条　中国人民解放军的纪律，是建立在政治自觉基础上的严格的纪律，是军队战斗力的重要因素，是保持人民军队性质、宗旨、本色，团结自己、战胜敌人和完成一切任务的保证。

第四条 维护和巩固纪律，必须贯彻毛泽东军事思想、邓小平新时期军队建设思想、江泽民国防和军队建设思想、胡锦涛国防和军队建设思想、习近平强军思想，贯彻新时代军事战略方针，贯彻新时代政治建军方略，贯彻依法治军战略，围绕实现党在新时代的强军目标、把人民军队全面建成世界一流军队，坚持党对军队的绝对领导，坚持政治建军、改革强军、科技强军、人才强军、依法治军，贯彻军委管总、战区主战、军种主建的总原则，聚焦备战打仗，坚持官兵一致、上下一致，严格要求、科学管理，说服教育、启发自觉，实事求是、公平公正，严格程序、赏罚严明，确保部队高度集中统一和有效履行使命任务。

第五条 军人必须把革命的坚定性、政治的自觉性、纪律的严肃性结合起来，统一意志、统一指挥、统一行动，有令必行、有禁必止，贯彻落实党的理论、路线、方针、政策和党中央、中央军委的决策部署，遵守国家的宪法、法律、法规，执行军队的法规制度，执行上级的命令和指示，执行三大纪律、八项注意（见附件一），用铁的纪律凝聚铁的意志、锤炼铁的作风、锻造铁的队伍，任何时候任何情况下都一切行动听指挥、步调一致向前进。

第六条 维护和巩固纪律，依靠经常性的理想信念、道德和纪律教育，依靠经常性的严格管理，依靠各级首长的模范作用，依靠组织监督和群众监督，使官兵养成高度的组织性、纪律性。

第七条 功勋荣誉表彰和处分是维护纪律的重要手段。遵守和维护纪律表现突出的，依照本条令给予功勋荣誉表彰；违反和破坏纪律的，依照本条令给予处分；构成犯罪的，依法追究刑事责任。

实施奖惩应当以奖为主，以惩为辅。

第八条 军人在任何情况下，都必须严格遵守和自觉维护纪律。本人违反纪律被他人制止时，应当立即改正；发现其他军人违反纪律时，应当主动规劝和制止；发现他人有违法行为时，应当挺身而出，采取合法手段坚决制止并及时报告。

第九条　未经中央军委批准，任何单位不得在有关法律和本条令规定外，另立并实施其他奖惩项目及特殊措施。

第十条　本条令规定的功勋荣誉表彰由政治工作部门承办，处分由纪检监察部门承办。

第二章　纪律的主要内容

第十一条　遵守政治纪律，对党忠诚、立场坚定。贯彻执行党的理论和路线、方针、政策，坚持党对军队绝对领导的根本原则和制度，深刻领悟"两个确立"的决定性意义，增强"四个意识"、坚定"四个自信"、做到"两个维护"，贯彻军委主席负责制，自觉在思想上政治上行动上同党中央、中央军委保持高度一致。

第十二条　遵守组织纪律，坚持原则、服从组织。坚持民主集中制根本组织制度和领导制度，严格按照组织原则、组织制度、组织程序办事，坚决服从组织决定，自觉接受组织的管理监督。

第十三条　遵守作战纪律，服从命令、听从指挥、英勇善战。坚决执行命令，坚守战位，密切协同，积极维护战场秩序，勇猛顽强，不怕流血牺牲，坚决完成作战任务。

第十四条　遵守战备训练纪律，常备不懈、实战实训。强化战备观念，落实战备规定，正规战备秩序，保持战备状态，依法治训，按纲施训，坚持从实战需要出发从难从严训练，纠治和平积弊，端正训风、演风、考风，坚决完成战备训练任务，不断提高部队战斗力。

第十五条　遵守工作纪律，爱岗敬业、依法履职。忠于职守、勇于担当、勤奋工作，遵守工作章程和制度规定，坚决完成各项任务。

第十六条　遵守保密纪律，严守秘密、从

严治密。严格遵守国家和军队的保密法律法规，认真履行保密的义务和责任，加强军事秘密载体使用管理，确保军事秘密安全。

第十七条　遵守廉洁纪律，干净做事、清白做人。筑牢拒腐防变的思想防线，守住做人、处事、用权、交友底线，廉洁用权、秉公用权、公道正派、不谋私利，自觉同特权思想和特权现象作斗争。

第十八条　遵守财经纪律，依法管财、科学理财、节俭用财。严格执行财经法规制度，依法决策财经事项，精准管理经费资产，强化收支管控，提高使用效益。

第十九条　遵守群众纪律，拥政爱民、军民一致。坚持全心全意为人民服务的宗旨，尊重人民群众，维护人民群众合法权益，遵守军地交往有关规定，尊重少数民族风俗习惯和宗教信仰，依法处置涉军纠纷和矛盾，巩固发展军政军民关系。

第二十条　遵守生活纪律，志趣高尚、克

己慎行。保持积极的人生态度、严肃的生活作风、健康的生活情趣，艰苦朴素、勤俭节约，涵养政治大德、职业道德、社会公德、家庭美德、个人品德，遵守社会公序良俗，维护良好社会风尚。

第三章 功勋荣誉表彰

第一节 功勋荣誉表彰的目的和原则

第二十一条 功勋荣誉表彰的目的在于鼓励先进，维护纪律，调动官兵的积极性、主动性、创造性，发扬爱国主义、共产主义和革命英雄主义精神，保证作战、战备训练和其他各项任务的完成。

第二十二条 功勋荣誉表彰应当坚持下列原则：

（一）坚持党的领导，严格政治标准；

（二）坚持服务中心，聚焦备战打仗；

（三）坚持按绩施奖，树立正确导向；

（四）坚持依规依法，公开公平公正；

（五）坚持崇尚荣誉，精神激励为主。

第二节　功勋荣誉表彰的项目

第二十三条　功勋荣誉表彰的项目分为勋章、荣誉称号、奖励、表彰、纪念章。

第二十四条　勋章分为"八一勋章"、"红旗勋章"、"红星勋章"。"八一勋章"是军队最高荣誉。

中央军委根据需要可以设立其他勋章。

第二十五条　荣誉称号分为战时荣誉称号、平时荣誉称号、重大非战争军事行动荣誉称号。

个人战时荣誉称号的项目由高至低依次为特级战斗英雄、一级战斗英雄、二级战斗英雄。单位战时荣誉称号的项目由高至低依次为特级英模单位、一级英模单位、二级英模单位，具体名称根据作战行动、作战特点或者作战事迹确定。

个人、单位平时荣誉称号的具体名称，根据授予对象事迹特点确定。

个人、单位重大非战争军事行动荣誉称号的具体名称，根据重大非战争军事行动名称和授予对象事迹特点确定。

第二十六条　奖励分为战时奖励、平时奖励、重大非战争军事行动奖励。

个人、单位战时奖励的项目由高至低依次为一等战功、二等战功、三等战功、四等战功。

个人、单位平时奖励和重大非战争军事行动奖励的项目由高至低依次为一等功、二等功、三等功、嘉奖。

第二十七条　表彰由高至低依次为一级表彰、二级表彰、三级表彰。

第二十八条　纪念章分为战时纪念章、平时纪念章、重大非战争军事行动纪念章。

战时纪念章分为作战纪念章、英勇纪念章、光荣纪念章。纪念章的具体名称冠以作战行动名称。

平时纪念章分为国防服役纪念章、海外服役纪念章、卫国戍边纪念章、献身国防纪念章。

重大非战争军事行动纪念章通常冠以重大非战争军事行动名称。对常态化任务，纪念章名称可以相对固定。

中央军委根据需要可以设立其他纪念章。经中央军委批准，战区、军兵种、军委直属单位可以设立专门纪念章。

第三节　功勋荣誉表彰的条件

第二十九条　勋章的授予对象和条件：

（一）对在维护国家主权、安全、发展利益，推进国防和军队现代化建设中，作出巨大贡献，建立卓越功勋，在全国、全军有深远影响的军人，可以授予"八一勋章"；

（二）对指挥作战行动表现特别出色、发挥重要作用，为赢得作战胜利作出杰出贡献、建立卓越功勋的指挥作战人员，可以授予"红旗勋章"；

174

（三）对在作战行动中坚决执行命令、作战英勇顽强、完成任务特别出色，为赢得作战胜利作出杰出贡献、建立卓越功勋的参加战斗和支援保障人员，可以授予"红星勋章"。

第三十条　荣誉称号的授予对象和条件：

（一）对执行作战任务取得卓著战绩，为赢得作战胜利作出重大贡献，堪称楷模的军人和军队单位，可以授予战时荣誉称号；

（二）对在战备训练或者其他工作中，表现特别突出、事迹特别感人、取得卓著功绩，在全国、全军有重大影响，堪称楷模的军人和军队单位，可以授予平时荣誉称号；

（三）对在执行重大非战争军事行动任务中，甘冒生命危险奋战在一线，表现特别突出、事迹特别感人、取得卓著功绩，堪称楷模的军人和军队单位，可以授予重大非战争军事行动荣誉称号。

第三十一条　对军人和军队单位的战时奖励，按照指挥作战、参加战斗、支援保障等情形分类实施。

第三十二条 战时，军人服从命令、英勇顽强、不怕牺牲、密切协同、指挥精准高效、完成任务坚决，表现突出、战绩优良、有积极贡献的，可以记四等战功；战绩突出、有较大贡献的，可以记三等战功；战绩显著、有重要贡献的，可以记二等战功；战绩卓著、有重大贡献的，可以记一等战功。

第三十三条 战时，军队单位坚决执行上级命令、准确研判战场态势、战斗精神饱满、战斗作风过硬、完成任务坚决，表现突出、战绩优良、有积极贡献的，可以记四等战功；战绩突出、有较大贡献的，可以记三等战功；战绩显著、有重要贡献的，可以记二等战功；战绩卓著、有重大贡献的，可以记一等战功。

第三十四条 对军人的平时奖励，按照战备训练、教育管理、国防科技、服务保障等领域分类实施；对军队单位的平时奖励，按照相应条件实施。

第三十五条　平时，军人信念坚定、本领过硬、敢于担当、履职尽责、廉洁自律，表现突出、成绩优良、有积极贡献的，可以给予嘉奖；成绩突出、有较大贡献的，可以记三等功；成绩显著、有重要贡献的，可以记二等功；成绩卓著、有重大贡献的，可以记一等功。

第三十六条　平时，军队单位全面建设过硬、完成任务出色，在思想政治建设、战备训练等工作中，成绩优良、有积极贡献的，可以给予嘉奖；成绩突出、有较大贡献的，可以记三等功；成绩显著、有重要贡献的，可以记二等功；成绩卓著、有重大贡献的，可以记一等功。

第三十七条　在执行重大非战争军事行动任务中，军人服从命令、听从指挥、反应迅速、作风顽强、情况处置得当、达成行动目的，成绩优良、有积极贡献的，可以给予嘉奖；成绩突出、有较大贡献的，可以记三等功；成绩显著、有重要贡献的，可以记二等功；成绩卓著、有重大贡献的，可以记一等功。

第三十八条　在执行重大非战争军事行动任务中，军队单位服从命令、听从指挥、作风优良、纪律严明、勇于攻坚克难、达成行动目的，成绩优良、有积极贡献的，可以给予嘉奖；成绩突出、有较大贡献的，可以记三等功；成绩显著、有重要贡献的，可以记二等功；成绩卓著、有重大贡献的，可以记一等功。

第三十九条　战时奖励、平时奖励、重大非战争军事行动奖励的具体条件和比例，按照军队有关规定执行。

第四十条　对在国防和军队建设中作出突出贡献的军人和军队单位，可以给予表彰。

第四十一条　对带领单位获得集体记功以上功勋荣誉表彰的主要指挥员，发挥关键作用、作出重要贡献的，可以按照下列规定实施功勋荣誉表彰：

（一）单位获得战时荣誉称号的，可以授予低等级战时荣誉称号或者记一等战功；

（二）单位获得战时奖励的，可以给予同

等级或者低一个等级的战时奖励;

（三）单位获得平时荣誉称号、重大非战争军事行动荣誉称号的，可以给予记功奖励。

第四十二条 对参战军人，颁发作战纪念章。同时，对因参战致残的，颁发英勇纪念章；对因参战牺牲的，颁发光荣纪念章。

第四十三条 平时纪念章的颁发对象和条件:

（一）国防服役纪念章，颁发给服役满 8 年的军人。其中，满 8 年、不满 16 年的，颁发四级纪念章；满 16 年、不满 30 年的，颁发三级纪念章；满 30 年、不满 40 年的，颁发二级纪念章；满 40 年、不满 50 年的，颁发一级纪念章；满 50 年的，颁发特级纪念章。

（二）海外服役纪念章，颁发给在海外服役满 1 年的军人。其中，满 1 年、不满 5 年的，颁发三级纪念章；满 5 年、不满 10 年的，颁发二级纪念章；满 10 年的，颁发一级纪念章。间断在海外服役的军人，其在海外服役的时间累计计算。

（三）卫国戍边纪念章，颁发给在边远艰苦地区服役的军人。其中，在第一等级、第二等级边远艰苦地区服役满 1 年的，在第三等级边远艰苦地区服役满 2 年的，在第四等级边远艰苦地区服役满 3 年的，在第五等级边远艰苦地区服役满 4 年的，在第六等级边远艰苦地区服役满 5 年的，颁发三级纪念章。在上述边远艰苦地区服役时间达到以上相应规定时间 2 倍以上的，颁发二级纪念章；3 倍以上的，颁发一级纪念章。间断在边远艰苦地区服役的军人，其在边远艰苦地区服役的时间累计计算；在不同等级边远艰苦地区之间调动工作的，服役时间可以按照不同等级边远艰苦地区颁发纪念章规定时间相应的倍数关系进行换算。

（四）献身国防纪念章，颁发给烈士和因公牺牲、因公致残的军人。其中，给因公致残军人颁发三级纪念章，给因公牺牲军人颁发二级纪念章，给烈士颁发一级纪念章。

第四十四条 对执行重大非战争军事行动

任务的军人，可以颁发重大非战争军事行动纪念章。

第四节　功勋荣誉表彰的权限

第四十五条　勋章、荣誉称号的授予，由中央军委批准。

第四十六条　连级单位执行下列战时奖励的批准权限：

（一）义务兵的四等战功；

（二）中级以下军士的四等战功；

（三）排级以下单位的四等战功。

连级单位执行下列平时奖励的批准权限：

（一）义务兵的嘉奖；

（二）中级以下军士的嘉奖；

（三）少尉军官的嘉奖。

第四十七条　营级单位执行下列战时奖励的批准权限：

（一）高级军士的四等战功；

（二）上尉以下军官的四等战功；

（三）排级以下单位的三等战功，连级单位的四等战功。

营级单位执行下列平时奖励的批准权限：

（一）高级军士的嘉奖；

（二）中尉、上尉军官的嘉奖；

（三）排级以下单位的嘉奖。

第四十八条 团级单位执行下列战时奖励的批准权限：

（一）义务兵的二等战功、三等战功；

（二）中级以下军士的二等战功、三等战功，高级军士的三等战功；

（三）上尉以下军官的三等战功，少校军官的四等战功；

（四）排级以下单位的二等战功，连级单位的三等战功，营级单位的四等战功。

团级单位执行下列平时奖励的批准权限：

（一）义务兵的三等功；

（二）中级以下军士的三等功；

（三）上尉以下军官的三等功，少校军官

的嘉奖；

（四）排级以下单位的三等功，连级单位的嘉奖。

第四十九条 副师级单位执行战时奖励的批准权限：上尉以下军官的二等战功，少校军官的三等战功，中校军官的四等战功。

副师级单位执行下列平时奖励的批准权限：

（一）义务兵的二等功；

（二）中级以下军士的二等功，高级军士的三等功；

（三）少校军官的三等功，中校军官的嘉奖；

（四）排级以下单位的二等功，连级单位的三等功，营级单位的嘉奖。

第五十条 正师级单位执行下列战时奖励的批准权限：

（一）义务兵的一等战功；

（二）中级以下军士的一等战功，高级军士的二等战功；

（三）少尉军官的一等战功，少校军官的

二等战功，中校军官的三等战功，上校军官的三等战功、四等战功；

（四）排级以下单位的一等战功，连级单位的二等战功，营级单位的三等战功，团级单位的四等战功。

正师级单位执行平时奖励的批准权限：上尉以下军官的二等功，上校军官的嘉奖。

第五十一条 军级单位执行下列战时奖励的批准权限：

（一）中尉、上尉、少校军官的一等战功，中校军官的二等战功，大校军官的四等战功；

（二）连级单位的一等战功，营级单位的二等战功，团级单位的三等战功，副师级单位的四等战功。

军级单位执行下列平时奖励的批准权限：

（一）义务兵的一等功；

（二）中级以下军士的一等功，高级军士的二等功；

（三）上尉以下军官的一等功，少校军官

的二等功，中校、上校军官的三等功，大校军官的嘉奖；

（四）排级以下单位的一等功，连级单位的二等功，营级单位的三等功，团级单位的嘉奖。

中央军委直接领导的军级单位除执行军级单位实施奖励的批准权限外，还可以批准所属团级单位的三等功；其他超出军级单位批准权限、属于战区级单位批准权限范围的奖励事项，经中央军委批准后，授权该单位正职首长签署命令实施。

第五十二条　副战区级单位（不含中央军委直接领导的副战区级单位）执行下列战时奖励的批准权限：

（一）高级军士的一等战功；

（二）中校军官的一等战功，上校军官的一等战功、二等战功，大校军官的二等战功、三等战功；

（三）营级单位的一等战功，团级单位的

二等战功，副师级单位的三等战功，正师级单位的四等战功。

副战区级单位（不含中央军委直接领导的副战区级单位）执行下列平时奖励的批准权限：

（一）少校军官的一等功，中校军官的二等功，大校军官的三等功；

（二）副师级单位的嘉奖。

第五十三条 正战区级单位、中央军委直接领导的副战区级单位执行下列战时奖励的批准权限：

（一）大校军官的一等战功，少将军官的四等战功；

（二）团级单位的一等战功，副师级单位的一等战功、二等战功，正师级单位的一等战功、二等战功、三等战功。

正战区级单位、中央军委直接领导的副战区级单位执行下列平时奖励的批准权限：

（一）高级军士的一等功；

（二）中校军官的一等功，上校军官的一

等功、二等功，大校军官的二等功，少将军官的嘉奖；

（三）连级单位的一等功，营级单位的一等功、二等功，团级单位的二等功、三等功，副师级单位的三等功，正师级单位的嘉奖。

第五十四条 下列战时奖励，由中央军委批准：

（一）少将军官的一等战功、二等战功、三等战功，中将以上军官的各项战时奖励；

（二）军级以上单位的各项战时奖励。

下列平时奖励，由中央军委批准：

（一）大校军官的一等功，少将军官的一等功、二等功、三等功，中将以上军官的各项平时奖励；

（二）团级单位的一等功，副师级单位的一等功、二等功，正师级单位的一等功、二等功、三等功，军级以上单位的各项平时奖励。

第五十五条 军队单位实施重大非战争军事行动奖励，按照平时奖励的批准权限执行。

第五十六条　军委机关部委执行正战区级单位实施奖励的批准权限；军委直属机构执行军级单位实施奖励的批准权限。

其他各级机关部门对直属单位和内设机构及其军人，执行下一级单位的奖励权限。

第五十七条　不编设机关的团级以上单位实施奖励的批准权限，由上级单位在其权限范围内授权。

第五十八条　组建时间不足6个月且设立临时党委（支部）的临时单位，对符合奖励条件的军人，可以向其原单位提出奖励建议，由原单位视情实施；组建时间超过6个月且设立党委（支部）的临时单位，可以按照上级明确的批准权限，对符合奖励条件的所属军人实施奖励。

第五十九条　对学员、尚未授予军衔或者确定军衔等级军人实施奖励的批准权限，按照下列规定执行：

（一）对军队院校军官学员、军士学员执

行其现军衔等级军人的批准权限，对军队院校生长军官学员执行对义务兵的批准权限；

（二）对已办理入伍手续、尚未授予军官军衔的军队院校毕业学员、普通高等学校应届毕业生、特招地方专门人才，执行对少尉军官的批准权限；

（三）对已办理入伍手续、尚未确定军衔等级的招收军士和入伍训练期间的新兵，执行对义务兵的批准权限。

第六十条 军人被组织派遣，离开原单位参加集训、执行临时任务或者学习培训等，时间不足 6 个月，符合奖励条件的，由临时所在单位将其事迹向原单位介绍，由原单位统一衡量，视情实施奖励；时间超过 6 个月，符合奖励条件的，可以由临时所在单位，按照规定的权限实施奖励。

第六十一条 奖励通常按级实施；必要时，上级单位可以实施属于下级单位批准权限的奖励。

第六十二条　实施表彰的权限，按照下列规定执行：

（一）一级表彰，由中央军委实施；

（二）二级表彰，由军委机关部门在全军范围实施，或者由战区、军兵种、军委直属单位在本单位范围实施；

（三）三级表彰，由军委机关部门在本部门范围实施，或者由战区、军兵种、军委直属单位机关部门在本单位范围实施，或者由战区、军兵种、军委直属单位所属副军级以上单位，以及省军区（卫戍区、警备区）实施。

第六十三条　战时纪念章的具体名称和颁发范围，由军委政治工作部提出建议，报中央军委批准。

颁发重大非战争军事行动纪念章，由牵头行动任务的军委机关部门提出申请，军委政治工作部拟定纪念章具体名称和颁发范围，报中央军委批准。

第五节　功勋荣誉表彰的实施

第六十四条　功勋荣誉表彰应当根据军人、军队单位执行任务的客观条件、事迹、作用和影响，全面衡量，按照本条令规定的功勋荣誉表彰项目、条件、权限和程序，及时、正确实施。

对军人或者军队单位的同一事迹，通常只给予一次功勋荣誉表彰。

第六十五条　"八一勋章"的授予方式包括评选授予和普遍授予。评选授予，按照设定条件好中选优，评选确立，通常在中国人民解放军建军"逢五"、"逢十"周年时授予；普遍授予，根据特定历史时期的任务、特点确定基本条件，符合基本条件的军人均可授予。在作战取得重大胜利或者战争结束后，执行重大非战争军事行动任务，国防领域重大关键核心技术取得突破时，可以及时授予"八一勋章"。

"红旗勋章"和"红星勋章"通常在作战过程中及时授予，也可以在作战阶段转换期间或者作战任务结束后授予。

第六十六条　授予"八一勋章"，按照规定程序办理。

授予"红旗勋章"和"红星勋章"，由军级以上单位党委或者少将以上指挥员提名、战区级单位党委研究上报，也可以由军委联合参谋部或者指挥作战行动的战区、军兵种党委直接提名上报，军委政治工作部考核，报中央军委批准。

中央军委可以直接决定授予"八一勋章"、"红旗勋章"、"红星勋章"。

第六十七条　战时荣誉称号通常在作战过程中及时授予，也可以在作战阶段转换期间或者作战任务结束后授予。

平时荣誉称号通常在中国人民解放军建军节前授予，也可以根据工作需要及时授予。

重大非战争军事行动荣誉称号通常在任务结束后授予，也可以在执行任务过程中及时授予。

第六十八条　授予战时荣誉称号，由军级

以上单位党委或者少将以上指挥员提名，战区级单位党委研究上报，军委政治工作部考核，报中央军委批准。

授予平时荣誉称号，由军委机关部门和战区、军兵种、军委直属单位党委提名，军委政治工作部考核，报中央军委批准。

授予重大非战争军事行动荣誉称号，由负责组织指挥的战区级单位党委征求相关单位意见后提名，军委政治工作部考核，报中央军委批准。

中央军委可以直接决定授予荣誉称号。

第六十九条　战时奖励通常在作战过程中及时实施，也可以在作战阶段转换期间或者作战任务结束后实施。

平时奖励通常结合半年或者年终工作总结实施，也可以根据工作任务完成情况及时实施。

重大非战争军事行动奖励通常在任务结束后实施，也可以在执行任务过程中及时实施。

第七十条　实施战时奖励，通常按照下列程序办理：

（一）基层党组织或者指挥员提出奖励对象和拟给予的奖励项目，听取群众意见后，由基层党组织研究决定或者向上级推荐；其中，拟对上校以上指挥员实施奖励的，由其所在团级以上单位党委或者上级指挥员直接提名；

（二）团级以上单位政治工作部门，采取适当方式对奖励事迹进行核实，提出奖励建议方案；

（三）团级以上单位党委研究决定奖励对象和奖励项目；超出本级权限的，逐级报有批准权限的党组织研究决定；

（四）根据有批准权限的党组织决定，由批准单位的正职首长实施奖励。

重大非战争军事行动奖励，按照任务指挥关系组织实施，参照前款规定执行。

第七十一条　实施平时奖励，通常按照下列程序办理：

（一）群众或者领导提名，并组织群众评议，由基层党组织研究决定或者向上级推荐；

其中，对正团级以上单位正职首长给予三等功以上奖励，由上一级党委直接提名；

（二）团级以上单位政治工作部门，采取适当方式对奖励事迹进行核实，征求纪检监察、政法、审计等部门意见，提出奖励建议方案，在一定范围内进行公示；

（三）团级以上单位党委研究决定奖励对象和奖励项目；超出本级权限的，逐级报有批准权限的党组织研究决定；

（四）根据有批准权限的党组织决定，由批准单位的正职首长实施奖励。

第七十二条　在执行作战、急难险重任务等特殊情况下，首长可以直接决定对部属实施奖励，但事后应当向本单位党组织报告，并接受检查。

第七十三条　表彰实行项目控制，中央军委和战区、军兵种、军委直属单位分别建立统一的表彰项目库。其他单位可以参照建立表彰项目库。未列入表彰项目库但确需表彰的，由承办单位提出申请，按照权限审批后实施。

在师级以下基层单位和人员中开展争创具有铁一般信仰、铁一般信念、铁一般纪律、铁一般担当的先进单位，争当有灵魂、有本事、有血性、有品德的优秀个人活动评比表彰，按照《军队基层建设纲要》的有关规定执行。

第七十四条　表彰通常按照表彰周期或者结合重大活动、重要纪念日实施，也可以根据工作需要及时实施。

第七十五条　实施全军性表彰，通常按照下列程序办理：

（一）军委机关牵头部门制定表彰工作方案，征求军委政治工作部意见，报中央军委批准后作出部署；

（二）军委机关牵头部门组织相关单位，按照群众推荐或者上级提名、群众评议的程序，征求有关部门意见后逐级研究上报推荐表彰对象；

（三）军委机关牵头部门组织对推荐表彰对象进行考核或者事迹核实，征求军委纪律检查委员会（监察委员会）、政法委员会、审计署等部门意见；

（四）军委机关牵头部门会同军委政治工作部提出表彰对象建议方案，报中央军委批准后，以中央军委或者军委机关部门名义实施。

实施其他层级表彰的程序，参照前款规定执行。

第七十六条 战时纪念章通常在作战任务结束后颁发，也可以在作战过程中及时颁发。

平时纪念章通常结合半年或者年终工作总结颁发，也可以及时颁发。献身国防纪念章，在批准为烈士、确认为因公牺牲或者认定为因公致残后颁发。

重大非战争军事行动纪念章通常在任务结束后颁发，也可以及时颁发。

第七十七条 战时纪念章的颁发对象，由团级以上单位政治工作部门审定。

平时纪念章和重大非战争军事行动纪念章的颁发对象，由团级以上单位政治工作部门逐级审核呈报，军级以上单位政治工作部门审定。

第七十八条　功勋荣誉表彰决定的下达，按照下列规定执行：

（一）勋章和荣誉称号采取命令形式书面下达；

（二）战时奖励通常采取通令形式书面下达，紧急情况下可以口头宣布；平时奖励和重大非战争军事行动奖励采取通令形式书面下达；

（三）表彰采取通报或者决定形式书面下达；

（四）纪念章采取通报形式书面下达。

功勋荣誉表彰决定通常在颁授仪式上或者队列前宣布；确有特殊情形的，可以书面传阅或者只向获得功勋荣誉表彰的军人和军队单位宣布。

第七十九条　对获得勋章的个人，颁授勋章和证书。

对获得荣誉称号的个人，颁授荣誉称号奖章和证书；对获得荣誉称号的单位，颁授荣誉战旗或者荣誉奖旗。

对获得记功奖励的个人，颁发奖励奖章和

证书；对获得奖励的单位，颁发奖状。

对获得表彰的个人，颁发表彰奖章和证书；对获得表彰的单位，颁发奖牌。

第八十条 对获得功勋荣誉表彰的军人和军队单位，应当举行颁授仪式。特殊情况下，可以采取其他适当形式颁授。

功勋荣誉表彰的颁授仪式，由批准单位或者功勋荣誉表彰对象所在团级以上单位组织，具体程序按照《中国人民解放军队列条令》的有关规定执行。

第八十一条 对获得勋章、荣誉称号、奖励和表彰的军人，应当及时填写《军队功勋荣誉表彰登记（报告）表》（式样见附件二），并由所在团级以上单位政治工作部门归入本人档案。

第八十二条 实施功勋荣誉表彰的单位，应当及时宣扬获得功勋荣誉表彰军人和军队单位的先进事迹，以鼓励和教育部队。

第八十三条 已下达退役命令的军人，在规定的报到期限前有突出事迹、符合功勋荣誉表彰条件的，可以给予功勋荣誉表彰。

牺牲或者病故的军人生前有突出事迹、符合功勋荣誉表彰条件的，可以追授功勋荣誉表彰。追授功勋荣誉表彰，通常在其牺牲或者病故 6 个月以内办理。

第八十四条 已经实施的功勋荣誉表彰，有下列情形之一的，应当撤销：

（一）弄虚作假，骗取功勋荣誉表彰；

（二）获得功勋荣誉表彰的事迹与事实不符；

（三）申报功勋荣誉表彰时隐瞒严重错误或者违反规定程序；

（四）法律、法规规定应当撤销功勋荣誉表彰的其他情形。

撤销功勋荣誉表彰的权限和程序，按照规定权限和程序办理。

第六节 功勋荣誉表彰的待遇

第八十五条 获得功勋荣誉表彰的军人，按照规定享受相应待遇，战时功勋荣誉表彰待遇高于平时功勋荣誉表彰待遇。

第八十六条 对获得勋章、荣誉称号、记功奖励、三级以上表彰的军人，应当发放功勋荣誉表彰通知书和喜报。寄送功勋荣誉表彰通知书和喜报的具体办法，按照国家和军队喜报寄送工作有关规定执行。

第八十七条 获得功勋荣誉表彰的军人，可以按照规定提前或者越级晋升军衔（职务层级），调升待遇级别，增加工资档次，提高医疗、疗养、住房等待遇。

法律、法规对获得功勋荣誉表彰的军人其他待遇有规定的，从其规定。

第四章　处　　分

第一节　处分的目的和原则

第八十八条 处分的目的在于严明纪律，教育违纪军人和部队，强化纪律观念，维护集中统一，巩固和提高部队战斗力。

第八十九条　处分应当坚持下列原则：

（一）依据事实，慎重恰当；

（二）抓早抓小，防微杜渐；

（三）惩前毖后，治病救人；

（四）纪律面前人人平等。

第二节　处分的项目

第九十条　对义务兵的处分项目由轻至重依次为：警告、严重警告、记过、记大过、降衔、除名、开除军籍。

降衔不适用于列兵。

第九十一条　对军士的处分项目由轻至重依次为：警告、严重警告、记过、记大过、降衔、开除军籍。

降衔不适用于下士；受到降衔处分后，新的军衔等级时间从降衔前军衔等级的起算时间起算。

第九十二条　对军官的处分项目由轻至重

依次为：警告、严重警告、记过、记大过、降级、降衔（职）、开除军籍。其中：

（一）降级，即降低待遇级别，是指在现军衔等级（职务层级）对应待遇级别区间内至少降低一个级别，不适用于待遇级别为该军衔等级（职务层级）对应的唯一或者基准待遇级别的军官；

（二）降衔（职），即降低军官军衔等级或者降低军官职务层级，每降低一个军衔等级（职务层级），至少降低一个待遇级别，但降低后的待遇级别不得超出新的军衔等级（职务层级）对应的待遇级别区间；指挥管理军官受到降衔处分，按照新的军衔等级与职务层级的对应关系重新确定职务层级；专业技术军官受到降衔处分，降衔前职务层级超出新的军衔等级对应的最高职务层级的，按照新的军衔等级对应的最高职务层级重新确定职务层级；降衔不适用于少尉军官，降职适用于少将军级正职、大校师级正职、少校营级正职军官。

受到降级、降衔（职）处分后，新的待遇级别时间从作出处分决定之日起算；受到降衔处分后，新的军衔等级、职务层级时间从降衔前军衔等级的起算时间起算；受到降职处分后，新的职务层级时间从现军衔等级的起算时间起算。

第三节　处分的条件

第九十三条　违反政治纪律应当受到处分的，按照下列规定执行：

（一）散布反对党的路线方针政策、反对社会主义制度、反对党对军队绝对领导、反对中央军委集中统一领导和军委主席负责制等错误言论，或者公开发表支持"军队非党化、非政治化"和"军队国家化"等错误政治观点的文章、演说、宣言、声明等的，义务兵、军士给予降衔处分，军官给予降级、降衔（职）处分。

（二）公开反对、诋毁或者拒不执行中央军委的命令、指示和决策部署，或者对贯彻中央军委的命令、指示和决策部署掣肘阻碍甚至另搞一套的，义务兵、军士给予降衔处分，军官给予降级、降衔（职）处分。

（三）组织或者参加旨在反对党的领导、反对社会主义制度、敌视政府的组织，以及会道门、邪教组织等国家、军队禁止的政治性组织，与社会上的非法组织和非法刊物及有政治性问题的人发生联系，情节较轻的，给予记过、记大过处分；情节较重的，义务兵、军士给予降衔处分，军官给予降级、降衔（职）处分。

（四）有下列行为之一，情节较轻的，给予警告、严重警告处分；情节较重的，给予记过、记大过处分；情节严重的，义务兵、军士给予降衔处分，军官给予降级、降衔（职）处分：

1. 为本条第一项所列行为提供便利条件；

2. 丑化党、国家和军队形象，诋毁、诬蔑党、国家和军队领导人，或者歪曲否定党史、军史、军队光荣传统和优良作风；

3. 贯彻军委主席负责制不坚决、不认真、不严格，在重大原则问题上不同党中央、中央军委保持一致且有实际言论、行为或者造成不良影响；

4. 贯彻落实中央军委的命令、指示和决策部署不坚决，打折扣、搞变通，在政治上造成不良影响；

5. 组织或者参与游行、示威、静坐，以及集体上访、迷信等军队禁止的活动；

6. 擅自与国外（境外）人员交往或者在涉外活动中言行不当，在政治上造成不良影响；

7. 接受损害党、国家、军队尊严和利益的国外（境外）邀请、奖励，造成不良影响和损失；

8. 匿名诬告、有意陷害、制造谣言，或者有其他政治品行不端的行为，造成不良影响；

9. 领导干部对违反政治纪律和政治规矩等错误思想和行为放任不管，搞无原则一团和气，造成不良影响。

第九十四条 违反组织纪律应当受到处分

的，按照下列规定执行：

（一）有下列行为之一，情节较轻的，给予记过、记大过处分；情节较重的，义务兵、军士给予降衔处分，军官给予降级、降衔（职）处分：

1. 拒不执行或者擅自改变集体作出的重大决定，或者违反议事规则，个人或者少数人决定重大问题，决策严重失误，或者应当作出决策但久拖不决，造成严重损失；

2. 擅自出国（境）或者滞留国外（境外）不归；

3. 任人唯亲，跑官要官，买官卖官，篡改、伪造个人档案资料，以及其他违反选拔任用规定的行为；

4. 对批评人、检举人、控告人、证人及其他人员打击报复。

（二）有下列行为之一，情节较轻的，给予警告、严重警告处分；情节较重的，给予记过、记大过处分；情节严重的，义务兵、军士给予降衔处分，军官给予降级、降衔（职）处分：

1. 不执行上级的命令和指示，有令不行，有禁不止；

2. 违反民主集中制原则，个人意志凌驾于组织之上，不按原则、政策、规矩、程序办事；

3. 违规办理因私出国（境）证件；

4. 违规成立、参加社会团体、组织及其活动，或者成立、参加具有社会团体性质的网上组织及其活动；

5. 在民主推荐、民主测评、组织考核、投票选举中搞拉票、助选等非组织活动；在法律规定的投票、选举活动中违背组织原则搞非组织活动，组织、怂恿、诱使他人投票、表决；侵犯他人表决权、选举权和被选举权；

6. 采取不正当手段获得职务、衔级、级别、职称、待遇、资格、学历、学位、荣誉、称号或者其他利益；

7. 扣压、销毁检举控告（申诉）材料，或者向被检举控告人透露检举控告情况。

（三）退役、调动（分配）工作时，无正当理由不按规定时间报到（离队）的，给予警告、严重警告处分；不服从组织决定，无理取闹，干扰正常秩序的，给予记过、记大过处分；情节严重的，义务兵、军士给予降衔处分，军官给予降级、降衔（职）处分。

（四）虽经批准因私出国（境）但存在擅自变更路线、无正当理由超期未归等超出批准范围出国（境）行为，情节较重的，给予警告、严重警告处分；情节严重的，义务兵、军士给予记过至降衔处分，军官给予记过至降衔（职）处分。

（五）领导干部在个人有关事项报告方面有隐瞒不报行为，或者不按要求向组织报告个人去向、问题线索等有关情况，情节较重的，给予警告、严重警告处分。

（六）擅离部队或者无故逾假不归，3 日以内的，给予警告、严重警告处分；累计 4 日以上 7 日以内的，给予记过、记大过处分；累计 8 日以上的，义务兵、军士给予降衔处分，军官给予降级、降衔（职）处分，其中义务兵累计 15 日以上的，给予除名处分。

（七）义务兵无正当理由，坚持要求提前退出现役，且经常拒不履行职责，经批评教育仍不改正的，给予除名处分。

第九十五条 违反作战纪律应当受到处分的，按照下列规定执行：

（一）战时有下列行为之一，情节较轻的，给予记过、记大过处分；情节较重的，义务兵、军士给予降衔处分，军官给予降级、降衔（职）处分：

1. 不听指挥，违抗命令；

2. 自行其是，扰乱作战部署或者贻误战机；

3. 作战消极，临阵畏缩；

4. 脱离战位，擅离职守；

5. 编造、散布谣言；

6. 故意隐瞒、谎报军情或者拒传、假传

军令；

7. 故意损伤无辜居民，或者故意侵犯居民利益。

（二）战时有下列行为之一，情节较轻的，给予警告、严重警告处分；情节较重的，给予记过、记大过处分；情节严重的，义务兵、军士给予降衔处分，军官给予降级、降衔（职）处分：

1. 执行命令不坚决；

2. 不顾全大局，协同配合不力；

3. 虚报战功；

4. 有条件救助伤病军人但未实施救助；

5. 虐待俘虏。

执行有作战背景的重大军事行动任务时，有前款所列行为之一的，参照前款规定执行。

第九十六条 违反战备训练纪律，有下列行为之一，造成损失或者不良影响，情节较轻的，给予警告、严重警告处分；情节较重的，给予记过、记大过处分；情节严重的，义务兵、军士给予降衔处分，军官给予降级、降衔（职）处分：

（一）备战打仗摆位不正、偏离中心，谋战不深、备战不实、务战不力；

（二）违反战备规定，降低战备质量标准，影响战备落实；

（三）训风、演风、考风不正，训练与实战要求脱节，以牺牲战斗力为代价消极保安全，降低训练质量标准；

（四）擅自调整训练计划，随意挤占训练时间，或者组织保障不力，影响训练落实；

（五）无故不参训或者训练消极懈怠造成训练任务未完成。

第九十七条 违反工作纪律应当受到处分的，按照下列规定执行：

（一）违反责任追究规定，压案不查、隐案不报、包庇袒护、惩处不力，或者对责任追究工作领导不力，情节较轻的，给予记过、记大过处分；情节较重的，义务兵、军士给予降衔处分，军官给予降级、降衔（职）处分。

（二）有下列行为之一，情节较轻的，给予警告、严重警告处分；情节较重的，给予记过、记大过处分；情节严重的，义务兵、军士给予降衔处分，军官给予降级、降衔（职）处分：

1. 弄虚作假，欺上瞒下，造成不良影响；

2. 搞形式主义、官僚主义，干扰部队工作，造成不良影响；

3. 工作失职、玩忽职守；

4. 不担当、不作为，消极怠工，或者无故不参加学习、工作、执勤等，造成不良影响；

5. 违反军队证件、印章使用管理规定；

6. 出租、出售或者违规出借军用车辆、军车号牌；

7. 违反军服管理规定，擅自出借、赠送军服，造成不良影响，或者变卖、仿制、出租军服；

8. 违规饮酒，或者酒后操作装备；

9. 干预、拒绝、妨碍、对抗监督执纪和执法司法工作，或者工作人员滥用职权、徇私舞弊；

10. 侮辱、打骂、体罚或者变相体罚部属；

11. 违反装备管理规定，遗失、遗弃、损坏、私藏装备，擅自动用、馈赠、出售、出借、交换装备；

12. 擅自改变装备编配用途和性能结构，或者违反装备试验鉴定规定，隐瞒质量问题，或者在装备受到危害的情况下，不采取制止、保护措施，或者落实装备使用、保养、检查等制度不力，造成不良影响和损失；

13. 窃取、隐匿、出卖、损坏、涂改、伪造、丢失档案，擅自转移、删除、销毁、提供、抄录、复制、公布、转让档案，以及违反档案管理其他规定；

14. 虚报瞒报、伪造篡改军事设施数据，破坏军事设施或者维护监管不力造成军事设施毁坏；

15. 擅自出租、出售、转让军队房地产，或者管理不善造成军用土地流失；

16. 擅自建设楼堂馆所，擅自改建、扩建住房，超标准建设住房，违规配售住房，以及超标准装修公寓住房、配置设施设备。

（三）违反《中国人民解放军内务条令》有关军容风纪和军人行为规范的规定，情节较重的，给予警告至记大过处分；情节严重的，义务兵、军士给予降衔处分，军官给予降级、降衔（职）处分。

（四）违反法规制度、操作规程，造成一般事故或者情节较轻的，给予警告、严重警告处分；造成较大事故或者情节较重的，给予记过、记大过处分；造成重大事故、特大事故或者情节严重的，义务兵、军士给予降衔处分，军官给予降级、降衔（职）处分。

第九十八条　违反保密纪律，有下列行为之一，情节较轻的，给予警告、严重警告处分；情节较重的，给予记过、记大过处分；情节严重的，义务兵、军士给予降衔处分，军官给予降级、降衔（职）处分：

（一）私自复制、留存军事秘密载体，擅自携带军事秘密载体外出，存在较大风险隐患；

（二）擅自扩大军事秘密知悉范围，向无关人员提供军事秘密载体，或者遗失、私自处置军事秘密载体；

（三）违规使用军队信息网络系统、国际互联网，违规通过智能电子设备谈论、存储、拍摄或者通过新媒体转载、传播涉密信息；

（四）在执行重要军事任务时违规携带、使用智能电子设备，或者违规将智能电子设备带入涉密和重要办公场所，存在较大风险隐患；

（五）未经批准或者未经保密审查在公开媒体发表涉密信息和学术文章，或者擅自接受媒体采访谈论涉密信息和内部敏感事项；

（六）未按规定使用密码装备，未经审查批准擅自编制密码或者使用国外密码处理军队涉密信息，未按要求配备、更换、使用密钥；

（七）擅自组织无关人员观摩军事训练、

重要装备和军事设施，擅自将无关人员带入重要涉密场所，存在较大风险隐患；

（八）其他违反国家和军队的保密规定造成失密、泄密，或者虽未造成失密、泄密，但危及军事秘密安全。

第九十九条 违反廉洁纪律应当受到处分的，按照下列规定执行：

（一）有下列行为之一，情节较轻的，给予警告、严重警告处分；情节较重的，给予记过、记大过处分；情节严重的，义务兵、军士给予降衔处分，军官给予降级、降衔（职）处分：

1. 收受可能影响公正执行公务的礼品、礼金、消费卡（券）等财物，违规组织或者参加宴请、娱乐和健身等活动，以检查工作、参加会议、考察调研等名义变相公款旅游、探亲访友；

2. 纵容、默许亲属、身边工作人员利用本人职权或者职务上的影响谋取私利；

3. 参与经商办企业，违规买卖股票或者违规进行其他证券投资活动，组织或者参与以营利为目的的商业广告、文艺演出、形象代言等活动，违规兼职取酬，以及其他违规经营牟利；

4. 搞权色交易或者给予财物搞钱色交易；

5. 多处占用公寓住房，超标准使用办公用房，重复购买房改房，利用公款装修自有住房，以及拒不腾退或者拒不配合整改违规住房；

6. 违规配备、购买、更换、装饰、使用公务用车；

7. 插手基层敏感事务，或者利用职权侵占士兵、部属经济利益；

8. 违规发放、领取各种津贴、补贴、补助；

9. 侵占、私分慰问金、慰问品；

10. 违反公务接待管理规定，超标准、超范围接待或者消费；

11. 利用职权或者职务上的影响操办婚丧喜庆事宜，造成不良影响。

（二）以讲课费、课题费、咨询费等名义变相送礼，情节较重的，给予警告、严重警告处分；情节严重的，义务兵、军士给予记过至降衔处分，军官给予记过至降衔（职）处分。

第一百条　违反财经纪律，有下列行为之一，情节较轻的，给予警告、严重警告处分；情节较重的，给予记过、记大过处分；情节严重的，义务兵、军士给予降衔处分，军官给予降级、降衔（职）处分：

（一）私分、侵占、倒卖实物资产，或者违反规定造成资产浪费；

（二）截留、挪用或者虚报冒领经费；

（三）隐匿单位收入、收不入账、私设账外账和"小金库"；

（四）出租、出借银行账户，非法集资、投资、借贷或者违规提供担保。

第一百零一条　违反群众纪律，有下列行为之一，情节较轻的，给予警告、严重警告处分；情节较重的，给予记过、记大过处分；情节严重的，义务兵、军士给予降衔处分，军官给予降级、降衔（职）处分：

（一）遇到国家财产或者群众生命财产受到严重威胁时，能救而不救；

（二）违反军地交往有关规定，与地方单位人员乱拉关系，损害军队形象；

（三）违反拥政爱民规定、民族宗教政策，不尊重民族地区群众风俗习惯，造成不良影响；

（四）侵犯群众利益，私拿、损坏、赊欠群众财物，或者对群众态度恶劣、简单粗暴，对群众合理诉求消极应付、推诿扯皮，造成不良影响。

第一百零二条 违反生活纪律，有下列行为之一，情节较轻的，给予警告、严重警告处分；情节较重的，给予记过、记大过处分；情节严重的，义务兵、军士给予降衔处分，军官给予降级、降衔（职）处分：

（一）生活奢靡、铺张浪费、贪图享乐、追求低级趣味，造成不良影响；

（二）调戏、侮辱妇女或者与他人发生不正当性关系；

（三）违背社会公序良俗，在公共场所、网络空间有不当言行，或者有其他严重违反社会公德、家庭美德的行为，造成不良影响。

利用职权、教养关系、从属关系或者其他相类似关系与他人发生性关系的，从重或者加重处分。

第一百零三条 其他违反纪律的行为，其性质、情节与本条令第九十五条至第一百零二条规定所列行为相当的，给予相应的处分。

第一百零四条 军人有本条令第九十三条至第一百零三条规定的行为，情节极为严重，影响极为恶劣，已丧失军人基本条件的，给予开除军籍处分。

第四节 对违法犯罪军人的处分

第一百零五条 违反法律，虽不构成犯罪但应当追究纪律责任的，按照下列规定给予处分：

（一）结伙斗殴、殴打他人、参与赌博赌

资较大或者以营利为目的为赌博提供便利条件、饮酒后驾驶机动车，根据情节轻重，义务兵、军士给予警告至降衔处分，军官给予警告至降衔（职）处分；

（二）嫖娼或者吸食、注射毒品，义务兵、军士给予降衔处分，军官给予降级、降衔（职）处分；

（三）其他违法行为，根据性质、情节，义务兵、军士给予警告至降衔处分，军官给予警告至降衔（职）处分。

第一百零六条 有下列行为之一，被依法追究刑事责任，但不适用本条令第一百零七条规定给予开除军籍处分的，义务兵给予除名处分，军士给予降衔处分，军官给予降级、降衔（职）处分：

（一）侮辱、诽谤或者以其他方式侵害英雄烈士的名誉、荣誉，损害社会公共利益，情节严重；

（二）醉酒驾驶机动车；

（三）卖密、窃密、泄密；

（四）盗窃，诈骗；

（五）寻衅滋事，聚众扰乱社会秩序、公共场所秩序；

（六）贪污贿赂，挪用公款；

（七）制作、贩卖、传播淫秽物品；

（八）非法持有、私藏枪支、弹药；

（九）其他犯罪行为。

第一百零七条　军人有本条令第一百零五条、第一百零六条规定的行为，情节极为严重，影响极为恶劣，已丧失军人基本条件的，给予开除军籍处分。

军人犯罪，有下列情形之一的，给予开除军籍处分：

（一）已构成危害国家安全罪；

（二）被判处 3 年以上有期徒刑、无期徒刑、死刑，但战时被判处 3 年有期徒刑没有现实危险宣告缓刑，允许其戴罪立功的除外；

（三）被判处有期徒刑不满 3 年，在服刑期间抗拒改造，情节严重；

（四）隐瞒入伍前的犯罪行为，入伍后被追究刑事责任。

在国外（境外）、外国驻华使馆（领事馆）申请政治避难，或者逃往国外（境外）、外国驻华使馆（领事馆）的，应当给予开除军籍处分。

第五节　处分的权限

第一百零八条　连级单位战时和平时均执行下列处分的批准权限：

（一）义务兵的警告；

（二）中级以下军士的警告。

第一百零九条　营级单位战时和平时均执行下列处分的批准权限：

（一）义务兵的严重警告；

（二）中级以下军士的严重警告，高级军士的警告；

（三）少尉军官的警告、严重警告。

第一百一十条　团级单位战时执行下列处

分的批准权限：

（一）义务兵的记过、记大过，上等兵的降衔；

（二）军士的记过、记大过，中士、中级军士的降衔，高级军士的严重警告；

（三）少尉军官的记过、记大过、降级，中尉、上尉军官的警告、严重警告、记过、记大过、降级、降衔（职），少校军官的警告、严重警告、记过、记大过。

团级单位平时执行下列处分的批准权限：

（一）义务兵的记过、记大过，上等兵的降衔；

（二）中级以下军士的记过、记大过，中士的降衔，高级军士的严重警告；

（三）少尉军官的记过、记大过，中尉、上尉军官的警告、严重警告、记过、记大过，少校军官的警告、严重警告。

第一百一十一条　副师级单位战时执行处分的批准权限：少校军官的降级、降衔（职），中校、上校军官的警告、严重警告。

副师级单位平时执行下列处分的批准权限：

（一）中级军士的降衔，高级军士的记过、记大过；

（二）少尉军官的降级，中尉、上尉军官的降级、降衔（职），少校军官的记过、记大过、降级、降衔（职），中校军官的警告、严重警告。

第一百一十二条 正师级单位战时执行下列处分的批准权限：

（一）义务兵的除名、开除军籍；

（二）中级以下军士的开除军籍，三级军士长的降衔；

（三）中校军官的记过、记大过、降级、降衔（职），上校军官的记过、记大过。

正师级单位平时执行处分的批准权限：上校军官的警告、严重警告。

第一百一十三条 军级单位战时执行处分的批准权限：大校军官的警告、严重警告。

军级单位平时执行下列处分的批准权限：

（一）义务兵的除名、开除军籍；

（二）中级以下军士的开除军籍，三级军士长的降衔；

（三）中校军官的记过、记大过、降级、降衔（职），上校军官的记过、记大过，大校军官的警告、严重警告。

中央军委直接领导的军级单位除执行军级单位实施处分的批准权限外，还可以批准上校军官的降级、降衔（职）处分；其他超出军级单位的批准权限、属于战区级单位批准权限范围的处分事项，经军委监察委员会审核后，由该单位按照程序实施。

第一百一十四条 副战区级单位（不含中央军委直接领导的副战区级单位）战时和平时均执行下列处分的批准权限：

（一）二级军士长的降衔；

（二）中校以下军官的开除军籍，上校军官的降级、降衔（职），大校军官的记过、记大过，少将军官的警告、严重警告。

第一百一十五条　正战区级单位、中央军委直接领导的副战区级单位，战时和平时均执行下列处分的批准权限：

（一）高级军士的开除军籍，一级军士长的降衔；

（二）上校军官的开除军籍，大校军官的降级、降衔（职）。

第一百一十六条　战时和平时下列处分，由中央军委批准：

（一）大校军官的开除军籍；

（二）少将军官的记过、记大过、降级、降衔（职）、开除军籍；

（三）中将以上军官的各项处分。

第一百一十七条　对执行重大非战争军事行动任务的军人实施处分，通常执行平时的处分批准权限。

第一百一十八条　军委机关部委执行正战区级单位实施处分的批准权限；军委直属机构

执行军级单位实施处分的批准权限。

其他各级机关部门对直属单位和内设机构的军人，执行下一级单位的处分权限。

第一百一十九条　不编设机关的团级以上单位实施处分的批准权限，由上级单位在其权限范围内授权。

第一百二十条　组建时间不足 6 个月且设立临时党委（支部）的临时单位，对违反纪律的军人，可以向其原单位提出处分建议，由原单位视情实施；组建时间超过 6 个月且设立党委（支部）的临时单位，可以按照上级明确的批准权限，对违反纪律的所属军人实施处分。

第一百二十一条　对达到或者超过上一军衔等级基准待遇级别的军官，除待遇级别七级、六级的专业技术大校军官以外，实施降级、降衔（职）处分的批准权限按照上一军衔等级相应的批准权限执行。

第一百二十二条　对学员、尚未授予军衔或者确定军衔等级军人实施处分的批准权限，按照下列规定执行：

（一）对军队院校军官学员、军士学员执行其现军衔等级军人的批准权限，对军队院校生长军官学员执行对义务兵的批准权限；

（二）对已办理入伍手续、尚未授予军官军衔的军队院校毕业学员、普通高等学校应届毕业生、特招地方专门人才，执行对少尉军官的批准权限；

（三）对已办理入伍手续、尚未确定军衔等级的招收军士和入伍训练期间的新兵，执行对义务兵的批准权限。

第一百二十三条 军人被组织派遣，离开原单位参加集训、执行临时任务或者学习培训等，在临时所在单位期间违反纪律的，由临时所在单位征求其原单位意见后，按照规定的权限实施处分。

第一百二十四条 处分通常按级实施；必要时，上级单位可以实施属于下级单位批准权限的处分。

第一百二十五条 对应当受到降衔处分但不适用的义务兵、军士，给予其低一档处分，并按照给予其降衔处分的批准权限履行处分审批程序。

对应当受到降级、降衔（职）处分但不适用的军官，给予其低一档处分，并按照给予其降级、降衔（职）处分的批准权限履行处分审批程序。

第一百二十六条 团级以上单位对不具有晋升任用批准权限的军官给予警告、严重警告、记过、记大过处分，应当报有晋升任用批准权限的单位党委备案。

对高级专业技术职务的军官实施降级、降衔（职）处分，应当报军委政治工作部备案。

第一百二十七条 正战区级、副战区级和军级单位党委审批的记大过以下处分，可以授权本级监察委员会代为办理处分审批事项。

对待遇级别七级的指挥管理大校军官、待遇级别五级的专业技术大校军官的降级、降衔

（职）处分，少将、专业技术中将军官的记大过以下处分，中央军委可以授权军委监察委员会代为办理处分审批事项。

第六节　处分的实施

第一百二十八条　处分应当根据违纪军人所犯错误的事实、性质、情节和影响，以及本人一贯表现和对错误的认识等情况，按照本条令规定的处分项目、条件和程序，慎重实施；战时另有规定的，按照有关规定执行。

对一次处理的一种或者多种违纪行为，只给予一次处分。

对受处分军人应当说服教育，热情帮助，做好思想工作，不得歧视、侮辱，不得打骂、体罚或者变相体罚。

第一百二十九条　实施处分，按照下列程序办理：

（一）由首长组织或者承办机关负责，对违纪军人的违纪事实进行查证，并写出书面材料；

（二）违纪军人所在党组织召开会议，研究决定对违纪军人的处分；超出本级权限的，逐级报有批准权限的党组织研究决定；

（三）根据有批准权限的党组织决定，由批准单位的正职首长实施处分。

在紧急情况下，首长可以直接决定对部属实施处分，但事后应当向本单位党组织报告，并接受检查。

第一百三十条　对违纪军人的处分应当及时办理，通常在发现违纪行为45日以内作出处分决定。情节复杂或者有其他特殊情况，需要延长办理期限的，应当报上级批准。

第一百三十一条　处分决定作出前，应当按照规定同违纪军人见面，听取本人意见。

第一百三十二条　处分决定作出后，应当于30日以内先向本人宣布，再通过会议在一定范围公开宣布，公开宣布可以在队列前进行。特殊情况下，处分决定可以书面传阅或者只向受处分军人宣布。

处分决定自作出之日起生效。

处分决定下达后，应当及时填写《处分登记（报告）表》（式样见附件三），并归入本人档案。

处分决定通常采取通令形式书面下达。营、连级单位实施处分，应当在会议研究后 3 个工作日以内报请所在团级以上单位监察委员会代为下达处分决定。

第一百三十三条 对义务兵实施除名处分，由其所在单位提出书面处分建议，经团级以上单位机关职能部门调查核实、单位正职首长审核后，报有批准权限的单位批准。

第一百三十四条 对被除名的义务兵，离队时不予办理退役手续，由批准单位出具证明，并派专人将其档案材料送回原征集地县（市、区、旗）人民武装部。

县（市、区、旗）人民武装部对被除名的义务兵，应当及时接收，协助办理档案材料移交等有关手续，并在本县（市、区、旗）范围内予以通报。

第一百三十五条　对被开除军籍的军人，离队时不予办理退役手续，由批准单位出具证明，并派专人遣送回原征集地或者原户籍所在地或者配偶（父母、子女）户籍所在地县（市、区、旗）人民武装部。

县（市、区、旗）人民武装部对被开除军籍的军人，应当及时接收，协助办理落户、档案材料移交等有关手续，并在本县（市、区、旗）范围内予以通报。

第七节　处分的运用规则

第一百三十六条　明知自己的行为会发生危害国家、人民或者军队的结果，并且希望或者放任这种结果发生的，是故意违反纪律。

第一百三十七条　应当预见自己的行为可能发生危害国家、人民或者军队的结果，因为疏忽大意而没有预见，或者已经预见而轻信能够避免，以致发生这种结果的，是过失违反纪律。

第一百三十八条 共同违反纪律是指 2 人以上共同故意违反纪律。

对经济方面共同违反纪律的，按照个人参与数额及其所起作用，分别给予处分；对为首者，按照共同违反纪律的总数额给予处分。

单位领导集体作出违反纪律的决定或者实施其他违反纪律的行为，对具有共同故意的成员，按照共同违反纪律处理；对过失违反纪律的成员，按照其在集体违反纪律中所起的作用和应负的责任分别给予处分。

2 人以上共同过失违反纪律，不以共同违反纪律论处；应当受处分的，按照他们的违纪情形分别给予处分。

第一百三十九条 从轻处分，是指在本条令规定的违纪行为应当受到的处分幅度以内，给予较轻的处分。

减轻处分，是指在本条令规定的违纪行为应当受到的处分幅度以外，减轻一档给予处分。

从重处分，是指在本条令规定的违纪行为

应当受到的处分幅度以内，给予较重的处分。

加重处分，是指在本条令规定的违纪行为应当受到的处分幅度以外，加重一档给予处分。

第一百四十条 有下列情形之一的，可以从轻或者减轻处分：

（一）主动交代违纪事实，或者主动退还违纪违法所得；

（二）主动检举共同违反纪律中他人的违纪违法事实，并经查证属实；

（三）主动挽回损失和影响，或者积极阻止危害后果发生、发展；

（四）过失违反纪律；

（五）共同违反纪律中被胁迫或者被教唆；

（六）其他立功表现。

符合本条令规定的开除军籍情形的，不适用前款减轻处分的规定。

第一百四十一条 违纪情节轻微，尚不足以给予警告处分的，经本单位党组织研究决定，可以给予责令检查、不予处分。

违纪情节较轻，违纪以后主动报告，如实供述自己违纪行为的，可以免予处分。

对违纪军人免予处分的，按照给予其警告处分的批准权限履行审批程序。

第一百四十二条　有下列情形之一的，应当与故意违纪行为区分开来，结合动机态度、客观条件、程序方法、性质程度、后果影响及挽回损失等情况进行综合分析后，不予、免予处分或者从轻、减轻处分：

（一）在贯彻落实上级和本级党委决策部署中，因认识局限、形势变化等因素出现过失；

（二）在实战化训练、执行战备任务等过程中，因不可抗力、难以预见因素造成安全事故；

（三）在深化部队改革、推进建设发展中，因缺乏经验、先行先试发生失误错误；

（四）在临机处置突发性事件中，因情况紧急导致一般性工作错误；

（五）在尚无明确限制和政策规定的探索性研究或者试验、开创性工作中，出现一定失误；

（六）在解决历史遗留问题、化解矛盾纠纷中，主动作为、迎难而上，但出现一定失误。

第一百四十三条 有下列情形之一的，应当从重或者加重处分：

（一）因故意违纪受到处分后，在本条令规定的处分影响期内又因故意违纪应当受到处分，或者又被发现其受处分前的违纪行为应当受到处分；

（二）隐瞒或者拒不承认违纪事实，以及伪造、销毁、藏匿证据；

（三）在共同违反纪律中起主要作用；

（四）共同违反纪律中胁迫、教唆他人违反纪律；

（五）包庇共同违反纪律人员，或者阻止他人检举、交代违纪事实、提供证据；

（六）其他干扰、妨碍查处违纪行为的情形。

第一百四十四条 对一人同时有本条令规定的两种以上违纪行为的，应当合并处理，按照其违纪行为中应当受到的最高处分加重一档给予处分；其中一种违纪行为应当受到开除军籍处分的，给予开除军籍处分。

第一百四十五条 一个违纪行为同时触犯本条令两个以上条款的，依照处分较重的条款定性处理。

一个条款规定的违纪构成要件全部包含在另一个条款规定的违纪构成要件中，特别规定与一般规定不一致的，适用特别规定。

第一百四十六条 对同一违纪行为受到严重警告以下党纪处分的，可以视情不再依照本条令规定给予处分。

受到撤销党内职务（含因本人没有担任党内职务，受到严重警告处分）、留党察看处分的，义务兵、军士通常给予降衔处分，军官通常给予降级、降衔（职）处分。

受到开除党籍处分的，义务兵、军士通常给予降衔以上处分，军官通常给予降衔（职）以上处分。

第一百四十七条　　有严重违纪行为应当给予开除军籍处分，在实施处分前擅自离队超过6个月，或者下落不明超过6个月的，应当及时作出决定，开除其军籍。

　　第一百四十八条　　违纪军人在组织作出处分决定前死亡，或者在死亡后发现其曾有严重违纪行为，对应当给予开除军籍处分的，开除其军籍；对应当给予开除军籍以外处分的，作出书面结论和相应处理。

　　第一百四十九条　　有下列情形之一的，应当撤销处分决定：

　　（一）处分所依据的违纪违法事实证据不足；

　　（二）违反规定程序，影响公正处理；

　　（三）超越职权或者滥用职权作出处分决定。

　　撤销处分的权限和程序，按照实施处分的权限和程序办理。

　　第一百五十条　　有下列情形之一的，应当变更处分决定：

　　（一）对违纪违法行为的情节认定有误；

（二）适用本条令处分的条件错误，处分不当；

（三）司法机关依法改变原生效判决、裁定等，对原处分决定产生影响。

变更处分的权限和程序，按照实施处分的权限和程序办理。

第一百五十一条 撤销处分、变更处分后，需要调整受处分军人的待遇级别、军衔等级，以及相应工资档次的，应当按照规定予以调整；待遇受到损失的，应当按照规定予以补偿。撤销处分的，应当在适当范围内为其恢复名誉。

第八节 处分对个人的影响

第一百五十二条 处分的影响期：

（一）警告，6个月；

（二）严重警告，9个月；

（三）记过，12个月；

（四）记大过，18个月；

（五）义务兵降衔，18个月；

（六）军士降衔，24个月；

（七）军官降级、降衔（职），24个月。

对义务兵、军士应当受到降衔处分，军官应当受到降级、降衔（职）处分，但因不适用而给予低一档处分的，按照应当受到的处分项目影响期执行。

在本条令规定的处分影响期内又受到本条令规定的处分的，其影响期为原处分尚未执行的影响期与新处分影响期之和。

处分的影响期自作出处分决定之日起算。有特殊贡献的，经作出处分决定的单位批准，可以不受上述时限的限制。

第一百五十三条 处分对军人的影响，按照下列规定执行：

（一）在处分影响期内，不得晋升军衔、职务层级，调升待遇级别；

（二）作出处分决定后，按照规定调整或者确定待遇。

第一百五十四条 受处分军人确已改正错

误的，影响期结束后，晋升军衔、职务层级，调升待遇级别等，不再受原处分的影响。

第一百五十五条 对被除名的义务兵，取消其军衔，原有职务自然撤销，不得享受国家对退役军人的优待。

第一百五十六条 对被开除军籍的军人，取消其军衔、撤销其在服役期间获得的军队功勋荣誉表彰，收回勋章、奖章、纪念章、证书等，原有职务、待遇级别自然撤销，不得享受国家对退役军人的优待。

第五章 特殊措施

第一节 行政看管

第一百五十七条 行政看管是维护秩序、制止严重违纪行为、预防事故和案件发生或者保护被看管人的措施。

第一百五十八条 对有打架斗殴、聚众闹事、酗酒滋事、持械威胁他人、违抗命令、严重扰乱正常秩序等行为的军人，或者确有迹象表明可能发生逃离部队、自杀、自残、行凶等问题的军人，可以实施行政看管。

第一百五十九条　行政看管的时间，通常不超过 7 日，需要延长的，应当报上级批准，但累计不得超过 15 日。被行政看管军人涉嫌犯罪的，应当及时移送保卫部门、监察部门或者军事检察院。

第一百六十条　实施行政看管的批准权限，按照下列规定执行：

（一）营级单位正职首长批准对义务兵和中级以下军士实施行政看管；

（二）团级单位正职首长批准对少尉军官实施行政看管；

（三）师级单位正职首长批准对高级军士、中尉、上尉军官实施行政看管；

（四）军级单位正职首长批准对少校、中校、上校军官实施行政看管；

（五）战区级单位正职首长批准对大校军官实施行政看管；

（六）中央军委主席批准对少将以上军官实施行政看管。

战区级以下单位各级正职首长按照规定的权限批准实施行政看管，应当同时报上级备案。

解除行政看管的批准权限，按照实施行政看管的批准权限执行。

特殊情况下，上级单位正职首长可以越级批准或者解除下级单位正职首长批准实施的行政看管。

第一百六十一条　军委机关部委的正职首长执行战区级单位正职首长的行政看管批准权限；军委直属机构的正职首长执行军级单位正职首长的行政看管批准权限。

第一百六十二条　对学员、尚未授予军衔或者确定军衔等级军人实施行政看管的批准权限，按照下列规定执行：

（一）对军队院校军官学员、军士学员执

行其现军衔等级军人的批准权限，对军队院校生长军官学员执行对义务兵的批准权限；

（二）对已办理入伍手续、尚未授予军官军衔的军队院校毕业学员、普通高等学校应届毕业生、特招地方专门人才，执行对少尉军官的批准权限；

（三）对已办理入伍手续、尚未确定军衔等级的招收军士和入伍训练期间的新兵，执行对义务兵的批准权限。

第一百六十三条　实施行政看管由政治工作部门承办，并填写《行政看管审批表》（式样见附件四）。

第一百六十四条　对被行政看管的军人，应当进行教育，不得虐待、侮辱、打骂体罚，对其问题应当尽快查清，妥善处理，并根据其所犯错误的事实、性质、情节和被行政看管期间的态度，给予适当的处分或者免予处分、不予处分。

第一百六十五条　对被行政看管的军人，

通常单独看管。行政看管场所室内应当备有床、桌、凳及有关学习材料，具备必要的生活、卫生和安全条件。行政看管期间，执行被行政看管的军人相应级别的伙食标准。

第一百六十六条　对被行政看管的军人，准许其穿着军服，佩戴标志服饰，携带寝具、衣物和洗漱用品；生病时，应当安排就医。

第一百六十七条　实施行政看管应当有专人负责。对被行政看管的军人应当严格管理、严格要求，防止发生各种事故。接收被行政看管的军人时，应当填写《行政看管登记表》（式样见附件五）。

被行政看管的军人应当服从管理、遵守有关规定。

第二节　其他措施

第一百六十八条　省军区（卫戍区、警备区）、军分区（警备区）、县（市、区、旗）人民武装部，以及派驻车站、港口、机场的军事代表机构，在本辖区或者所在地区发现其他单位的军人有功绩时，应当主动向其所在单位提出功勋荣誉表彰的建议；发现其他单位的军人违反纪律或者扰乱社会秩序时，应当劝阻和制止，制止无效或者情节严重的，可以暂时予以扣留，及时通知驻地警备工作部门或者其所在单位处理。

第一百六十九条　当违反纪律的军人处于神志不清、精神失常、伤病严重或者醉酒状态时，应当先行照管或者治疗，待其神志清醒、脱离危险后，再行处理。

第一百七十条　发现军人临阵脱逃、投敌叛变以及涉嫌严重暴力犯罪行为，来不及报告时，应当采取紧急措施予以制止，事后立即报告首长，并接受检查。

第六章　检举控告和申诉

第一百七十一条　检举控告和申诉是军人

的民主权利，是充分发挥群众监督作用、保护军人合法权益、维护军队纪律的有效手段。

第一百七十二条　军人和军队单位有权对违纪违法行为提出检举控告。

检举控告地方单位和人员，可以将情况告知军队纪检监察部门或者政法部门；相关部门应当及时了解情况，必要时予以协助。

第一百七十三条　军人认为所受处分不当或者合法权益受到侵害，可以在处分决定宣布后30日以内向作出处分决定的党组织或者监察委员会提出申诉。

申诉期间不停止处分决定的执行。

第一百七十四条　检举控告和申诉可以按级或者越级提出。越级检举控告和申诉通常以书面形式提出。检举控告和申诉应当忠于事实。提倡、鼓励实名检举控告。

第一百七十五条　检举控告人、申诉人在检举控告、申诉活动中享有下列权利：

（一）向受理机关部门提出询问，要求给

予答复；

（二）要求与检举控告、申诉事项有利害关系的承办人员回避；

（三）对受理机关部门及承办人员的失职行为和其他违纪行为提出检举控告；

（四）因进行检举控告、申诉，其合法权利受到威胁或者侵害时，要求受理机关部门给予保护。

第一百七十六条　检举控告人、申诉人在检举控告、申诉活动中应当履行下列义务：

（一）提供被检举控告者的基本情况、主要问题和相关证据等检举控告材料；

（二）遵守检举控告、申诉工作有关规定，维护社会秩序和部队正常工作秩序；

（三）接受组织作出的正确处理意见。

第一百七十七条　被检举控告人不得阻碍检举控告人提出检举控告，更不得以任何借口打击报复。对打击报复者，依纪依法追究责任。

第一百七十八条　被检举控告人享有下列

权利：

（一）对被检举控告的问题进行说明解释；

（二）要求将调查处理结论通告本人；

（三）对受理机关部门及承办人员的失职行为和其他违纪行为提出检举控告；

（四）当合法权利受到威胁或者侵害时，要求受理机关部门给予保护。

第一百七十九条　被检举控告人应当履行下列义务：

（一）配合查清被检举控告的问题，如实提供证据，接受检查和询问，主动说明问题；

（二）正确对待所犯错误，认真检讨，接受处理；

（三）尊重检举控告人和承办人员的权利和职责。

第一百八十条　受理机关部门或者单位接到检举控告和申诉后，应当及时查明情况。对检举控告或者申诉属实的，应当依纪依法处理；对错告或者不合理的申诉，应当说明情况，必要时予以澄清；对诬告陷害或者无理取闹的，应当追究相应责任。

对确属处分错误的，应当及时予以纠正，为其恢复名誉，消除影响，赔礼道歉；造成经济损失的，应当给予相应赔偿。

第一百八十一条 各级首长和机关对军人的检举控告和申诉，应当给予保护，不得扣留或者阻止，不得因申诉而对申诉人加重处分，不得泄露检举控告人及检举控告的内容，不得将检举控告材料转交给被检举控告人，不得袒护被检举控告人。

第一百八十二条 对检举控告和申诉的处理结果，应当及时通知检举控告人或者申诉人，并按照规定登记归档。

第七章 首长责任和纪律监督

第一百八十三条 各级首长负有维护纪律的领导责任。各级正职首长是维护纪律和纪律监督的第一责任人，分管首长负相应领导责任。

各级首长应当以身作则，严于律己，严格遵守和执行纪律；加强对本单位纪律建设工作的领导，经常对部属进行纪律教育，增强官兵的法治观念；有针对性进行作风纪律整顿，解决本单位在纪律建设方面存在的突出问题。

各级首长应当对下级进行纪律监督，并自觉接受上级、下级和群众的监督；对发现违纪行为制止不力或者不予制止的，根据情节轻重，给予批评、责令检查或者处分；对带头违反纪律的，应当从重或者加重给予处分。

第一百八十四条 奖惩应当按照本条令规定的条件、权限和程序精准实施。对滥施奖惩或者利用奖惩以权谋私的，根据情节轻重，给予批评、责令检查或者处分；构成犯罪的，依法追究刑事责任。

第一百八十五条 各级首长应当对下级维护纪律和实施奖惩的情况进行定期检查，及时发现和处理存在的问题。

上级对下级实施的错误奖惩，一经发现和查实，应当按照本条令第八十四条、第一百四十九条、第一百五十条的规定予以撤销或者变更。

第一百八十六条 各级机关应当按照规定的职责、权限，加强对下级机关、部队的纪律监督。

第一百八十七条 军人代表会议和军人委员会，应当如实反映群众的意见和要求，对首长、机关执行和维护纪律、实施奖惩的情况实行监督。

军人应当正确行使民主监督的权利和义务，勇于批评和揭露不良倾向及违纪违法行为。

第一百八十八条 维护纪律和纪律监督，应当建立责任追究、倒查问责制度，有错必纠，有责必问。对有令不行、有禁不止、严重失职和出现问题不制止、不查处、不报告的，应当区分主体责任、监督责任、领导责任，严肃追究直接责任者、主要领导责任者和重要领导责任者的责任。

对实施错误奖惩的首长的责任追究，不受其工作岗位或者职务变动的影响。

第八章　附　　则

第一百八十九条　本条令所称"以上"、"以下"、"以内"，包含本级、本数。

第一百九十条　中国人民武装警察部队适用本条令。

第一百九十一条　对军队文职人员的功勋荣誉表彰，按照有关规定执行；对军队文职人员的处分，参照本条令有关规定执行。

对军队管理的退役军人的功勋荣誉表彰和处分，以及实施特殊措施，参照本条令有关规定执行。

第一百九十二条　勋章、奖章、纪念章、奖状、奖牌、战旗、奖旗、证书、通知书和喜报，由军委政治工作部制发或者明确式样。

第一百九十三条 本条令自 2025 年 4 月 1 日起施行。2018 年 4 月 4 日中央军委发布的《中国人民解放军纪律条令（试行）》同时废止。

本条令施行前，对违纪违法行为已作出处理的，如需进行复查复议，适用当时的纪律条令。尚未作出处理的，如果行为发生时的纪律条令不认为是违纪，而本条令认为是违纪的，依照当时的纪律条令处理；如果行为发生时的纪律条令认为是违纪，但本条令不认为是违纪或者处理较轻的，依照本条令规定处理。

附件一　三大纪律、八项注意

三大纪律：

（一）一切行动听指挥；

（二）不拿群众一针一线；

（三）一切缴获要归公。

八项注意：

（一）说话和气；

（二）买卖公平；

（三）借东西要还；

（四）损坏东西要赔；

（五）不打人骂人；

（六）不损坏庄稼；

（七）不调戏妇女；

（八）不虐待俘虏。

附件二　军队功勋荣誉表彰登记（报告）表（略）

附件三　处分登记（报告）表（略）

附件四　行政看管审批表（略）

附件五　行政看管登记表（略）

中华人民共和国中央军事委员会命令

军令〔2025〕20 号

　　《中国人民解放军队列条令》已经 2025 年 2 月 7 日中央军委常务会议通过，现予发布，自 2025 年 4 月 1 日起施行。

　　　　　　　　　　主席　习近平
　　　　　　　　二〇二五年二月十四日

中国人民解放军队列条令

目　　录

第一章　总　　则

第一条　为了规范中国人民解放军的队列
动作、队列队形和队列指挥，保持整齐划一、
严格正规的队列生活，制定本条令。

第二条　本条令是中国人民解放军队列生
活的基本依据，适用于中国人民解放军军人和

261

单位（不含企业事业单位），以及参战和被召集参加军事训练、担负战备勤务、执行非战争军事行动任务的预备役人员。

本条令没有规定的队列生活事项，按照有关军事法规和军事规章的规定执行。

第三条　军人和军队单位必须严格执行本条令，强化号令意识，加强队列训练，培养良好的军姿、严整的军容、过硬的作风、严格的纪律和协调一致的动作，落实依法治军、从严治军要求，促进军队正规化建设，巩固和提高战斗力。

第四条　本条令由各级首长和机关组织贯彻执行。首长和机关应当严格执行本条令，起表率作用，并对部属执行本条令的情况进行检查、监督。

第五条　军人应当严格遵守下列队列纪律：

（一）坚决执行命令，做到令行禁止；

（二）姿态端正，军容严整，精神振作，严肃认真；

（三）按照规定的位置列队，集中精力听指挥，动作迅速、准确、协调一致；

（四）保持队列整齐，出列、入列应当报告并经允许。

第二章 队列指挥

第六条 队列指挥位置

指挥位置应当便于指挥和通视全体。通常是：停止间，在队列中央前；行进间，纵队时在队列左侧中央前或者偏后，必要时在队列中央前，横队、并列纵队时在队列左侧前或者左侧，必要时在队列右侧前（右侧）或者左侧（右侧）后。

第七条 队列指挥方法

队列指挥通常用口令。行进间，动令除向左转走和齐步、正步互换及敬礼、礼毕时落在左脚，其他均落在右脚。变换指挥位置，通常用跑步（5步以内用齐步），进到预定的位置后，成立正姿势下达口令。纵队行进时，可以在行进间下达口令。

第八条 队列指挥要求

（一）指挥位置正确；

（二）姿态端正，精神振作，动作准确；

（三）口令准确、清楚、洪亮；

（四）熟练掌握和运用队列指挥方法；

（五）认真清点人数、检查着装，按照规定组织验枪；

（六）严格要求，维护队列纪律。

第三章　单个军人的队列动作

第一节　基本队列动作

第九条 立正

立正是军人的基本姿势，是队列动作的基础。军人在宣誓、接受命令、进见首长和向首长报告、回答首长问话、升降国旗、迎送军旗、奏唱国歌和军歌等严肃庄重的时机和场合，均应当立正。

口令：立正。

要领：两脚跟靠拢并齐，两脚尖向外分开约60度；两腿挺直；小腹微收，自然挺胸；上体正直，微向前倾；两肩要平，稍向后张；两臂下垂自然伸直，手指并拢自然微曲，拇指尖贴于食指第二节，中指贴于裤缝；头要正，颈要直，口要闭，下颌微收，两眼向前平视。参加阅兵时，下颌上仰约15度。

第十条　跨立

跨立即跨步站立，主要用于训练、执勤和舰艇上分区列队等场合，可以与立正互换。

口令：跨立。

要领：左脚向左跨出约一脚之长，两腿挺直，上体保持立正姿势，身体重心落于两脚之间；两手后背，左手握右手腕，拇指根部与外腰带下沿或者内腰带上沿同高；右手手指并拢自然弯曲，拇指贴于食指第二节，手心向后。

携枪时不背手。

第十一条　稍息

口令：稍息。

要领：左脚顺脚尖方向伸出约全脚的三分之二，两腿自然伸直，上体保持立正姿势，身体重心大部分落于右脚；携枪（持筒）时，携带的方法不变，其余动作同徒手；稍息过久，可以自行换脚，动作应当迅速。

第十二条　停止间转法

（一）向右（左）转

口令：向右（左）——转。

半面向右（左）——转。

要领：以右（左）脚跟为轴，右（左）脚跟和左（右）脚掌前部同时用力，使身体协调一致向右（左）转90度，身体重心落在右（左）脚，左（右）脚取捷径迅速靠拢右（左）脚，成立正姿势。转动和靠脚时，两腿挺直，上体保持立正姿势。

半面向右（左）转，按照向右（左）转的

要领转 45 度。

（二）向后转

口令：向后——转。

要领：按照向右转的要领向后转 180 度。

第十三条　行进

行进的基本步法分为齐步、正步和跑步，辅助步法分为便步、踏步、移步和礼步。

（一）齐步

齐步是军人行进的常用步法。

口令：齐步——走。

要领：左脚向正前方迈出约 75 厘米，按照先脚跟后脚掌的顺序着地，同时身体重心前移，右脚照此法动作；上体正直，微向前倾；手指轻轻握拢，拇指贴于食指第二节；两臂前后自然摆动，向前摆臂时，肘部弯曲，小臂自然向里合，手心向内稍向下，拇指根部对正衣扣线（双排扣中间位置），并高于最下方衣扣约 5 厘米（上衣下摆扎于裤内时，高于内腰带扣中央约 5 厘米；扎外腰带时，与外腰带扣中央同高），离身体约 30 厘米；向后摆臂时，手臂自然伸直，手腕前侧距裤缝线约 30 厘米。行进速度每分钟 116—122 步。

（二）正步

正步主要用于分列式和其他礼节性场合。

口令：正步——走。

要领：左脚向正前方踢出约 75 厘米，腿要绷直，脚尖下压，脚掌与地面平行，离地面约 25 厘米，适当用力使全脚掌着地，同时身体重心前移，右脚照此法动作；上体正直，微向前倾；手指轻轻握拢，拇指伸直贴于食指第二节；向前摆臂时，肘部弯曲，小臂略成水平，手心向内稍向下，手腕下沿摆到高于最下方衣扣约 15 厘米处（上衣下摆扎于裤内时，高于内腰带扣中央约 15 厘米处；扎外腰带时，高于外腰带扣中央约 10 厘米处），离身体约 10 厘米；向后摆臂时，左手心向右、右手心向左，手腕前侧距裤缝线约 30 厘米。行进速度每分钟 110—116 步。

（三）跑步

跑步主要用于快速行进。

口令：跑步——走。

要领：听到预令，两手迅速握拳（四指蜷握，拇指贴于食指第一关节和中指第二节），提到腰际，约与腰带同高，拳心向内，肘部稍向里合。听到动令，上体微向前倾，两腿微弯，同时左脚利用右脚掌的蹬力跃出约85厘米，前脚掌先着地，身体重心前移，右脚照此法动作；两臂前后自然摆动，向前摆臂时，大臂略垂直，肘部贴于腰际，小臂略平，稍向里合，两拳内侧各距衣扣线（双排扣中间位置）约5厘米；向后摆臂时，拳贴于腰际。行进速度每分钟170—180步。

（四）便步

便步用于行军、操练后恢复体力及其他场合。

口令：便步——走。

要领：用适当的步速、步幅行进，两臂自然摆动，上体保持良好姿态。

（五）踏步

踏步用于调整步伐和整齐。

停止间口令：踏步——走。

行进间口令：踏步。

要领：两脚在原地上下起落（抬起时，脚尖自然下垂，离地面约 15 厘米；落下时，前脚掌先着地），上体保持正直，两臂按照齐步或者跑步摆臂的要领摆动。

（六）移步（5 步以内）

移步用于调整队列位置。

1. 右（左）跨步

口令：右（左）跨×步——走。

要领：上体保持正直，每跨 1 步并脚一次，其步幅约与肩同宽，跨到指定步数停止。

2. 向前或者后退

口令：向前×步——走。

后退×步——走。

要领：向前移步时，应当按照单数步要领进行（双数步变为单数步）。向前 1 步时，用正步，不摆臂；向前 3 步、5 步时，按照齐步走的要领进行。向后退步时，从左脚开始，每退 1 步靠脚一次，不摆臂，退到指定步数停止。

（七）礼步

礼步主要用于纪念仪式中礼兵的行进。

口令：礼步——走。

要领：左脚向正前方缓慢抬起，腿要绷直，脚尖上翘，与腿约成 90 度，脚后跟离地面约 30 厘米，按照脚跟、脚掌顺序缓慢着地，步幅约 55 厘米，右脚照此法动作；上体正直，两臂下垂自然伸直、轻贴身体（抬祭奠物除外）；手指并拢自然微曲，拇指尖贴于食指第二节，中指贴于裤缝。行进速度每分钟 24—30 步。

上台阶时，非支撑腿缓慢抬起，大腿略与台阶平行，脚尖绷直下垂，全脚掌缓慢着地。

（八）携便携式折叠写字椅行进

携折叠写字椅行进时，左手提握支脚上横杠中间部位，左臂下垂自然伸直，写字板面朝外。

第十四条 立定

口令：立——定。

要领：齐步、正步和礼步时，听到口令，左脚再向前大半步着地，脚尖向外约30度，两腿挺直，右脚取捷径迅速靠拢左脚，成立正姿势。跑步时，听到口令，继续跑2步，然后左脚向前大半步（两拳收于腰际，停止摆动）着地，右脚取捷径靠拢左脚，同时将手放下，成立正姿势。踏步时，听到口令，左脚踏1步，右脚靠拢左脚，原地成立正姿势；跑步的踏步，听到口令，继续踏2步，再按照上述要领进行。

第十五条 步法变换

步法变换，均从左脚开始。

齐步、正步互换，听到口令，右脚继续走1步，即换正步或者齐步行进。

齐步换跑步，听到预令，两手迅速握拳提到腰际，两臂前后自然摆动；听到动令，即换跑步行进。

齐步换踏步，听到口令，即换踏步。

跑步换齐步，听到口令，继续跑2步，然后换齐步行进。

跑步换踏步，听到口令，继续跑2步，然后换踏步。

踏步换齐步或者跑步，听到"前进"的口令，继续踏2步，再换齐步或者跑步行进。

第十六条　行进间转法

（一）齐步、跑步向右（左）转

口令：向右（左）转——走。

要领：左（右）脚向前半步（跑步时，继续跑2步，再向前半步），脚尖向右（左）约45度，身体向右（左）转90度时，左（右）脚不转动，同时出右（左）脚按照原步法向新方向行进。

半面向右（左）转走，按照向右（左）转走的要领转45度。

（二）齐步、跑步向后转

口令：向后转——走。

要领：左脚向右脚前迈出约半步（跑步时，继续跑2步，再向前半步），脚尖向右约

45 度，以两脚的前脚掌为轴，向后转 180 度，出左脚按照原步法向新方向行进。

（三）转动时，保持行进时的节奏，两臂自然摆动，不得外张；两腿自然挺直，上体保持正直。

第十七条 敬礼、礼毕和单个军人敬礼

敬礼分为举手礼、注目礼和举枪礼。

（一）敬礼

1. 举手礼

口令：敬礼。

要领：上体正直，右手取捷径迅速抬起，五指并拢自然伸直，中指微接帽檐右角前约 2 厘米处（戴卷檐帽、无檐帽或者不戴帽时微接太阳穴，戴圆边帽时微接帽墙近太阳穴处，约与眉同高），手心向下，微向外张（约 20 度），手腕不得弯曲，右大臂略平，与两肩略成一线，同时注视受礼者。

2. 注目礼

要领：面向受礼者成立正姿势，同时注视

受礼者，并目迎目送，右、左转头角度不超过45 度。

3. 举枪礼

举枪礼用于阅兵式或者执行仪仗任务。

口令：向右看——敬礼。

要领：右手将枪提到胸前，枪身垂直并对正衣扣线，枪面向后，离身体约 10 厘米，枪口与眼同高，大臂轻贴右胁；同时左手接握表尺上方，小臂略平，大臂轻贴左胁；同时转头向右注视受礼者，并目迎目送，右、左转头角度不超过 45 度。

（二）礼毕

口令：礼毕。

要领：行举手礼者，取捷径将手放下；行注目礼者，将头转正；行举枪礼者，将头转正，右手将枪放下，使托前踵轻轻着地，同时左手放下，成持枪立正姿势。

（三）单个军人敬礼

要领：单个军人在距受礼者 5—7 步处，行举手礼或者注目礼。

徒手或者背枪时，停止间，应当面向受礼者立正，行举手礼，待受礼者还礼后礼毕；行进间（跑步时换齐步），转头向受礼者行举手礼，并继续行进，左臂仍自然摆动，待受礼者还礼后礼毕。

携带武器（除背枪）等不便行举手礼时，不论停止间或者行进间，均行注目礼，待受礼者还礼后礼毕。

第十八条 坐下、蹲下、起立

（一）坐下

1. 徒手坐下

口令：坐下。

要领：左小腿在右小腿后交叉，迅速坐下（坐凳子时，听到口令，左脚向左分开约一脚之长；女军人着裙服坐凳子时，两腿自然并拢），手指自然并拢放在两膝上，上体保持正直。

2. 携便携式折叠写字椅坐下

要领：听到"放凳子"的口令，左手将折

叠写字椅提至身前交于右手，右手反握支脚上横杠，左手移握写字板和座板上沿，两手协力将支脚拉开；尔后上体右转，两手将折叠写字椅轻轻置于脚后，写字板扣手朝前，恢复立正姿势；听到"坐下"的口令，迅速坐在折叠写字椅上。

使用折叠写字椅的靠背或者写字板时，应当按照"打开靠背"或者"打开写字板"的口令，调整折叠写字椅和坐姿；组合使用写字板时，根据需要确定组合方式和动作要领。

3. 背背囊（背包）坐下

要领：听到"放背囊（背包）"的口令，两手协力解开上、下扣环，握背带；取下背囊（背包），上体右转，右手将背囊（背包）横放在脚后，背囊（背包）正面向下，背囊口向右（背包口向左），恢复立正姿势；听到"坐下"的口令，迅速坐在背囊（背包）上。携枪放背囊（背包）时，先置枪（架枪），后放背囊（背包）。

（二）蹲下

口令：蹲下。

要领：右脚后退半步，前脚掌着地，臀部坐在右脚跟上（膝盖不着地），两腿分开约60度（女军人两腿自然并拢），手指自然并拢放在两膝上，上体保持正直。蹲下过久，可以自行换脚。

（三）起立

口令：起立。

要领：全身协力迅速起立，左脚取捷径靠拢右脚（蹲下时，右脚取捷径靠拢左脚），成立正姿势或者成持枪、肩枪立正姿势。

班用机枪架枪时，起立后取枪。

携背囊（背包）起立时，听到"取背囊（背包）——起立"的口令后，按照放背囊（背包）的相反顺序进行。

携便携式折叠写字椅起立时，听到"取凳子——起立"的口令后，按照放折叠写字椅的相反顺序进行。

第十九条　脱帽、戴帽

（一）脱帽

口令：脱帽。

要领：立姿脱帽时，双手捏帽檐或者帽前端两侧，将帽取下，取捷径置于左小臂，帽徽朝前，掌心向上，四指扶帽檐或者帽墙前端中央处，小臂略成水平，右手放下。

坐姿脱帽时，双手捏帽檐或者帽前端两侧，将帽取下，置于桌面（台面）前沿左侧或者膝上，使帽顶向上、帽徽朝前，也可以置于桌斗内。

戴圆边帽脱帽不便放置时，折叠后插于作训服右侧腿袋内。

戴贝雷帽脱帽不便放置时，将帽左右向内折叠，插于作训服右侧腿袋内。

（二）戴帽

口令：戴帽。

要领：双手捏帽檐或者帽前端两侧，取捷径将帽迅速戴正。

（三）携枪时，用左手脱帽、戴帽。

（四）需夹帽时（作训帽、圆边帽、贝雷帽除外），双手捏帽檐或者帽前端两侧，取捷径将帽取下，左手握帽墙（戴卷檐帽时，将四指并拢，置于下方帽檐与帽墙之间），小臂夹帽自然伸直，帽顶向左，帽徽朝前。

第二十条　宣誓

口令：宣誓。

宣誓完毕。

要领：听到"宣誓"的口令，身体保持立正姿势，右手握拳取捷径迅速抬起，拳心向前，稍向内合；拳眼约与右太阳穴同高，距离约10厘米；右大臂略平，与两肩略成一线；高声诵读誓词。

听到"宣誓完毕"的口令，将手放下。

携枪宣誓时，成挂枪立正姿势，左手握护木（95式自动步枪握下护手前端，03式自动步枪握护盖前端，20式冲锋枪、20式自动步枪、20式短自动步枪握护手前端），其余要领同徒手。听到"宣誓完毕"的口令，成挂枪立正姿势，左手放下。

第二十一条　整理着装

整理着装，通常在立正的基础上进行。

口令：整理着装。

要领：两手从帽子开始，自上而下，将着装整理好（必要时，也可以相互整理）；整理完毕，自行稍息；听到"停"的口令，恢复立正姿势。

第二节　武器（装具）的操持

第二十二条　携枪

（一）肩枪

成立正姿势肩冲锋枪（20 式冲锋枪枪托全部伸展）、自动步枪时（20 式自动步枪、20 式短自动步枪枪托全部收缩），右手在右胸前握背带，拇指由内顶住，右大臂轻贴右胁，枪身垂直，枪口向下（20 式精准步枪，枪口向上）。

（二）持枪

成立正姿势持班用机枪、狙击步枪、81 式自动步枪（打开枪托）、03 式自动步枪（打开枪托）、20 式自动步枪（枪托全部伸展）、20式精准步枪（枪托全部伸展）时，右臂自然下垂，左手将背带挑起、拉直，由右手拇指在内压住，余指并拢在外将枪握住，同时左手放下，枪面向后，托底钣（95 式班用机枪托底）全部（81 式自动步枪、03 式自动步枪、20 式自动步枪、20 式精准步枪托前踵）在右脚外侧着地，托后踵同脚尖平齐。

持枪转动时，除按照徒手动作要领外，听到预令，将枪稍提起，拇指紧贴于右胯，使枪随身体平稳转向新方向，托前踵（95 式班用机枪托底）轻轻着地，成持枪立正姿势。

（三）双手持枪

成立正姿势持自动步枪、20 式冲锋枪时，使背带落在左肩，左手握护盖（81 式自动步枪握护木、20 式冲锋枪、20 式自动步枪、20式短自动步枪、20 式精准步枪握护手），右手握握把，枪身在胸前约成 45 度，枪口朝向左下方。

（四）携枪行进

持枪时，听到行进口令的预令，将枪提起，使枪身略直，拇指贴于右胯，使枪身稳固，其余要领同徒手。

背枪、肩枪、挂枪、托枪、提枪时，听到行进口令，保持携枪姿势，其余要领同徒手。

持枪立定时，在右脚靠拢左脚后，迅速将托底钣（95式班用机枪托底，20式自动步枪、20式精准步枪托前踵）轻轻着地，其余要领同徒手。

（五）携枪坐下

口令：枪靠右肩——坐下。

要领：携枪坐下时，两腿按照徒手坐下的要领进行，尔后枪靠右肩、枪面向右，右手自然扶贴护木（护盖），左手手指自然并拢，放在左膝上。肩冲锋枪、81式自动步枪、03式自动步枪坐下时，听到预令，右手移握护木（护盖），使背带从肩上滑下，将枪取下。

携95式自动步枪、20式冲锋枪、20式自动步枪、20 式短自动步枪、20 式精准步枪坐下时，听到"右手扶枪——坐下"的口令，两腿按照徒手坐下的要领进行，同时将枪置于右小腿前侧，枪身与地面垂直，枪面向后；右手自然扶握上护盖前端（护手前端），左手手指自然并拢，放在左膝上。肩枪坐下时，听到预令，右手移握下护手前端（护手前端），使背带从肩上滑下，将枪取下。

第二十三条　冲锋枪手、81 式自动步枪手、95 式自动步枪手、03 式自动步枪手、20 式自动步枪手、20 式短自动步枪手的操枪

（一）肩枪、挂枪互换

1. 肩枪换挂枪

口令：挂枪。

要领：左手掌心向下取捷径在右肩前握背带，右手沿背带移握护木（护手前端），右臂前伸将枪口转向前；两手协力将背带从头上套过，落在左肩，使枪身在胸前约成 45 度，表尺中央部位（扳机部位）位于衣扣线；右手移握

枪颈（折叠式冲锋枪，握复进机盖后端；20 式冲锋枪，握枪托），左手放下（阅兵等时机左手可以握护木或者护手前端），成挂枪立正姿势。

95 式自动步枪手，左手掌心向下取捷径在右肩前握背带，右手移握上护盖前端，右臂前伸将枪口转向前；两手协力将背带从头上套过，落在左肩，使枪身的下护手销对正衣扣线，枪身在胸前约成 60 度；右手移握枪托中间部位，左手放下（阅兵等时机左手可以握下护手前端），成挂枪立正姿势。

03 式自动步枪手、20 式自动步枪手、20 式短自动步枪手，左手掌心向下取捷径在右肩前握背带，右手移握护盖前端（护手前端），右臂前伸将枪口转向前；两手协力将背带从头上套过，落在左肩，使枪身的上机匣销（弹匣扣）对正衣扣线，枪身在胸前约成 45 度；右手移握枪颈（20 式自动步枪、20 式短自动步枪，移握枪托前端），左手放下（阅兵等时机左手可以握护盖前端或者护手前端），成挂枪立正姿势。

自动步枪，挂枪时不上刺刀。

2. 挂枪换肩枪

口令：肩枪。

要领：右手移握护木（95 式自动步枪，移握上护盖前端；03 式自动步枪，移握护盖前端；20 式冲锋枪、20 式自动步枪、20 式短自动步枪，移握护手前端），左手移握背带；两手协力将背带从头上套过，落在右肩，枪口向下，枪身垂直；右手移握背带，拇指由内顶住，左手放下，成肩枪立正姿势。

（二）肩枪、背枪互换

1. 肩枪换背枪

口令：背枪。

要领：左手在右肩前握背带，右手掌心向后移握准星座（95 式自动步枪，握准星座与上护盖连接部位；20 式冲锋枪、20 式自动步枪、20 式短自动步枪，握准星座与护手连接部位）；

两手协力将枪上提，左手将背带从头上套过，落在左肩；两手放下，成背枪立正姿势。

2. 背枪换肩枪

口令：肩枪。

要领：右手掌心向后握准星座（95 式自动步枪，握准星座与上护盖连接部位；20 式冲锋枪、20 式自动步枪、20 式短自动步枪，握准星座与护手连接部位）；左手在左肩前握背带；两手协力将背带从头上套过，落在右肩；右手移握背带，拇指由内顶住，左手放下，成肩枪立正姿势。

（三）挂枪、背枪互换

1. 挂枪换背枪

口令：背枪。

要领：右手握准星座（95 式自动步枪，握上护盖前端；20 式冲锋枪、20 式自动步枪、20 式短自动步枪，握护手前端），稍向上提，左手在左肩前握背带；两手协力将枪转到背后；两手放下，成背枪立正姿势。

2. 背枪换挂枪

口令：挂枪。

要领：右手掌心向前移握准星座（护手前端），稍向上提，左手在右肋前握背带；两手协力将枪转到胸前；右手移握枪颈（折叠式冲锋枪，握复进机盖后端；20式冲锋枪，移握枪托），左手放下或者握护木（护手前端），成挂枪立正姿势。

95式自动步枪手，右手掌心向前移握上护盖前端，稍向上提，左手在右肋前握背带；两手协力将枪转到胸前；右手移握枪托中间部位，左手放下或者握下护手前端，成挂枪立正姿势。

03式自动步枪手、20式自动步枪手、20式短自动步枪手，右手掌心向前移握准星座（护手前端），稍向上提，左手在右肋前握背带；两手协力将枪转到胸前；右手移握枪颈（枪托前端），左手放下或者握护盖前端（护手前端），成挂枪立正姿势。

（四）81式自动步枪、03式自动步枪、20

288

式自动步枪（打开枪托或者枪托全部伸展、上刺刀）的提枪、枪放下

1. 提枪

口令：提枪。

要领：右手将枪提到右肩前，枪身垂直，距身体约10厘米，枪面向后，手约同肩高，大臂轻贴右胁，同时左手握护木（03式自动步枪，握护盖前端；20式自动步枪，握护手前端）；右手移握握把，右臂伸直；将枪轻贴右侧，枪身要正，并与衣扣线平行；右大臂轻贴右胁，左手迅速放下，成提枪立正姿势。

2. 枪放下

口令：枪放下。

要领：右手将枪向前稍向下推出，右臂伸直，同时左手迅速握护木（03式自动步枪，握护盖前端；20式自动步枪，握护手前端），右手移握准星座（膛口装置或者刺刀座"T"型凸起）附近；左手放下的同时，右手将枪放下，使托前踵轻轻着地，成持枪立正姿势。

（五）81 式自动步枪、03 式自动步枪、20 式自动步枪的提枪、端枪互换

1. 提枪换端枪

口令：端枪。

要领：行进时，听到"端枪"的口令，继续向前 3 步，于左脚着地时，右手将枪移至右肩前，同时左手接握护木（03 式自动步枪，握护盖前端；20 式自动步枪，握护手前端），准星与肩同高（20 式自动步枪，枪口与肩同高）；右脚再向前 1 步的同时，右手移握枪颈（枪托前端）；于左脚着地时，两手将枪导向前，枪面向上，左手掌心转向右，枪颈（枪托中间部位）紧贴右胯，右臂与两肩约在同一平面，刺刀尖约与下颌同高，并在右肩的正前方。

2. 端枪换提枪

口令：提枪。

要领：听到"提枪"的口令，继续向前 3 步，于左脚着地时，左手收至右胸前，右手向前下方推枪；右脚再向前 1 步，右手移握握把；

于左脚着地时，将枪收至提枪位置，左手放下。

第二十四条 班用机枪手、狙击步枪手、20 式精准步枪手的操枪

（一）托枪、枪放下

口令：托枪。

要领：右手将枪提到右肩前，枪身垂直，离身体约 15 厘米，枪面向右（狙击步枪、20式精准步枪，枪面向后），手心约与肩同高（20 式精准步枪，调节器约与肩同高），大臂轻贴右胁，同时左手握护木（狙击步枪，握表尺上方；20 式精准步枪，握护手）；将枪上提，左手将枪面转向前（狙击步枪、20 式精准步枪，枪面转向左），同时右手拇指贴于托后踵（狙击步枪、20 式精准步枪，贴于托前踵），余指并拢握托底钣，两手协力将枪送上右肩（弹匣与肩同高），左手迅速放下；枪身要正，托后踵与衣扣线齐（狙击步枪、20 式精准步枪，枪面与衣扣线平行）；右大臂轻贴右胁，小臂略平，成托枪立正姿势。

95 式班用机枪手，右手将枪提到右肩前，枪身垂直，离身体约 15 厘米，枪面向右，准星座约与肩同高，小臂紧贴枪身，同时左手握下护手前端，将枪上提；右手移握托底，两手协力将枪面转向前，同时将枪送上右肩，使脚架下端置于右肩，左手迅速放下；枪身要正，枪身侧面与衣扣线平行；右大臂轻贴右胁，小臂略平，成托枪立正姿势。

口令：枪放下。

要领：右手下压枪托，臂伸直，使枪离肩，同时左手接握护木（狙击步枪，接握表尺上方；20 式精准步枪，接握护手），枪身垂直，枪面向前（狙击步枪、20 式精准步枪，枪面向左）；左手将枪面转向右（狙击步枪、20 式精准步枪，将枪面转向后），同时右手握调节器附近（狙击步枪，移握上背带环下方）；左手放下的同时，右手将枪放下，使托底钣（托前踵）轻轻着地，成持枪立正姿势。

95 式班用机枪手，右手下压枪托，臂伸

直，使枪离肩，同时左手接握上护盖前端，枪身垂直，枪面向前；两手协力将枪面转向右，尔后右手移握脚架连接座与枪口之间；左手放下的同时，右手将枪放下，使托底轻轻着地，成持枪立正姿势。

（二）肩枪、枪放下

口令：肩枪。

要领：右手将枪提到右肩前，枪身垂直，离身体约25厘米，枪面向右，上背带环与锁骨同高，大臂轻贴右胁，同时左手握护木（狙击步枪，握表尺上方；20式精准步枪，握护手），右手移握背带（拇指由内顶住）向左后拉平；用左手的推力和右手腕的旋转力迅速将枪送上右肩，右大臂轻贴右胁，枪身垂直，左手放下，成肩枪立正姿势。

95式班用机枪手，右手将枪提到右肩前，枪身垂直，离身体约25厘米，枪面向右，准星座约与肩同高，小臂轻贴枪身，同时左手握下护手前端，尔后右手移握背带（拇指由内顶住）向左后拉平；用左手的推力和右手腕的旋转力迅速将枪送上右肩，右大臂轻贴右胁，枪身垂直，左手放下，成肩枪立正姿势。

口令：枪放下。

要领：用右手腕的旋转力，迅速将枪转到右肩前，离身体约 25 厘米，同时左手握护木（狙击步枪，接握表尺上方；20 式精准步枪，握护手），枪面稍向右后；右手握调节器附近（狙击步枪，移握上背带环下方），枪身垂直，左手放下的同时，右手将枪放下，使托底钣（托前踵）轻轻着地，成持枪立正姿势。

95 式班用机枪手，用右手腕的旋转力，迅速将枪转到右肩前，离身体约 25 厘米，同时左手握下护手前端，枪面向右；右手握脚架连接座与枪口之间，枪身垂直，左手放下的同时，右手将枪放下，使托底轻轻着地，成持枪立正姿势。

（三）背枪、枪放下

口令：背枪。

要领：右手将枪提到右胸前（95式班用机枪，同时左手握下护手前端），左手将背带向左拉平；两手将枪挂在颈上，右手移握下背带环（95式班用机枪，移握托底）；两手协力将枪转到背后，同时右臂由枪和背带之间伸出，两手放下，成背枪立正姿势。

口令：枪放下。

要领：右手握下背带环，左手在左胸前握背带，两手协力将枪转到身体前方，同时右臂由枪和背带之间脱出，右手移握上背带环下方（95式班用机枪，移握脚架连接座与枪口之间；20式精准步枪，移握调节器附近）；两手将枪从颈上取下，左手放下的同时，右手将枪放下，使托底钣（95式班用机枪托底；20式精准步枪托前踵）轻轻着地，成持枪立正姿势。

第二十五条 120反坦克火箭筒手的持筒

（一）成立正姿势持120反坦克火箭筒（连用，下同）时，右手自然下垂扶握筒身右侧，筒口在右脚外侧与脚尖平齐。

（二）持 120 反坦克火箭筒转动时，除按照徒手动作要领外，听到预令，左手握提把，右手握握把，将发射筒提起，携筒稳定至新的方向并将其放下，成立正姿势。

第二十六条 120 反坦克火箭筒手的操筒

（一）持筒换扛筒

口令：扛筒。

要领：左手握提把中部，右脚后撤一大步，右手握握把，两腿微屈，上体倾斜，两手协力将筒身抵于右肩并扛起，右脚收回，左手放下，成立正姿势，此时，右大臂轻贴右胁，筒身略平。

（二）扛筒换持筒

口令：持筒。

要领：左手握提把中部，右脚后撤一大步，两腿微屈，上体倾斜，两手协力将筒身置于身体右侧，右脚收回，筒口在右脚外侧与脚尖取齐，右手自然下垂扶握筒身右侧，拇指根部贴于筒尾背带环处，成立正姿势。

第二十七条　司号员的操号

（一）持号

成立正姿势持号时，右手拇指在上，食指按于号嘴结合部，其余手指并拢握号，将接合管轻贴于右手手腕内侧，中指接于裤缝，号嘴向前，略向下倾，右臂自然下垂。

（二）挟号

挟号通常用于短距离行进。挟号时，右手将号上提，拳与腰带同高，号嘴向前略向下倾，接合管轻贴于右手腕部内侧，右小臂轻轻挟住号盘。右手挟号过久，可以换左手挟号，挟号要领相同。

（三）吹号

停止间，成立正姿势，右手将号上提，右肘约与肩同高，接合管在左，略成水平；吹号暂停时，恢复成持号或者挟号姿势。行进间，左臂自然摆动，吹号要领不变。

（四）挂号

挂号时，两手协力将号带从头上套过，落

在左肩，使接合管在后，号嘴向上，号身略保持垂直。

（五）放号、取号

放号时，右脚后撤1步，上体前屈，右手将号盘着地置于两脚尖前20厘米处，使接合管向前，成立正姿势。取号时，右脚后撤1步，上体前屈，将号拿起，成持号或者挟号姿势。

（六）操号时敬礼

持号、挟号时行注目礼，挂号时行举手礼。

第二十八条　其他武器（装具）的操持

其他武器（装具）操持的动作要领，按照有关武器（装具）的操作规程执行。

第四章　分队、部队的队列规范

第一节　队列队形

第二十九条　基本队形

队列的基本队形为横队、纵队、并列纵队；

需要时，可以调整为其他队形。

第三十条　列队的间距

队列人员之间的间隔（两肘之间）通常约10厘米，距离（前一名脚跟至后一名脚尖）约75厘米；需要时，可以调整队列人员之间的间隔和距离。

第三十一条　分队的队形

（一）班的队形

班的基本队形，分为横队和纵队；需要时，可以成二列横队或者二路纵队。

班通常按照身高列队，必要时按照战斗序列列队。

（二）排的队形

排的基本队形，分为横队和纵队。

排横队，由各班的班横队依次向后排列组成。

排纵队，由各班的班纵队依次向右并列组成。

排长的列队位置：横队时，在第一列基准

兵右侧；纵队时，在队列中央前。

（三）连的队形

连的基本队形，分为横队、纵队和并列纵队。

连横队，由各排的排横队依次向左并列组成。

连纵队，由各排的排纵队依次向后排列组成。

连并列纵队，由各排的排纵队依次向左并列组成。

连部和炊事班等，以二列（路）或者三列（路）组成相应的队形，位于本连队尾。

连指挥员的列队位置：横队、并列纵队时，位于一排长右侧，前列为连长、副连长，后列为政治指导员、副政治指导员；纵队时，位于一排长前，前列为连长、政治指导员，后列为副连长、副政治指导员（未编有副政治指导员时，后列中央为副连长）。

（四）营的队形

营的基本队形，分为横队、纵队和并列纵队。

营横队，由各连的并列纵队依次向左并列组成。

营纵队，由各连的连纵队依次向后排列组成。

营并列纵队，由各连的连纵队依次向左并列组成。

营部所属人员编为三列（路）队形，按照编制序列列队。

营属其他分队，采用同连相应的队形，按照编制序列列队，位于本营队尾。

营指挥员的列队位置：横队、并列纵队时，位于营部右侧，前列为营长、副营长，后列为政治教导员（编有副政治教导员时，后列为政治教导员、副政治教导员）；纵队时，位于营部前，前列为营长、政治教导员，后列中央为副营长（编有副政治教导员时，后列为副营长、副政治教导员）。

第三十二条　旅的队形

旅的基本队形，分为营横队的旅横队、营并列纵队的旅横队和旅纵队。

营横队的旅横队，由各营的营横队依次向左并列组成。

营并列纵队的旅横队，由各营的营并列纵队依次向左并列组成。

旅纵队，由各营的营纵队依次向后排列组成。

旅机关按照编制序列以及旅队形性质，编成纵队或者横队，位于第一营前或者右侧。

旅属其他分队，应当采用同营、连相应的队形，按照编制序列列队，位于本旅队尾。

旅指挥员的列队位置：各种队形中，旅指挥员成二路。横队时，位于旅机关右侧，右路为旅长、副旅长、参谋长，左路为政治委员、副政治委员；纵队时，位于旅机关前，左路为旅长、副旅长、参谋长，右路为政治委员、副政治委员。

军旗位置：掌旗员和护旗兵成一列。横队时，在旅指挥员右侧；纵队时，在旅指挥员前。

第三十三条 预备役人员与军人混合列队或者预备役人员单独列队时，按照所在单位或者部门的编制序列列队。

第三十四条 其他分队、部队的队形，参照本节规定执行。

第二节 队列动作

第三十五条 集合、离散

（一）集合

集合，是使单个军人、分队、部队按照规范队形聚集起来的一种队列动作。

集合时，指挥员应当先发出预告或者信号，如"全连注意"或者"×排注意"，然后，站在预定队形的中央前，面向预定队形成立正姿势，下达"成××队——集合"的口令。所属人员听到预告或者信号，原地面向指挥员成立正姿势；听到口令，跑步到指定位置面向指挥员集合

（在指挥员后侧的人员，应当从指挥员右侧绕过），自行对正、看齐，成立正姿势。

1. 班集合

口令：成班横队（二列横队）——集合。

要领：基准兵迅速到班长左前方适当位置，成立正姿势；其他人员以基准兵为准，依次向左排列，自行看齐。

成班二列横队时，单数人员在前，双数人员在后。

口令：成班纵队（二路纵队）——集合。

要领：基准兵迅速到班长前方适当位置，成立正姿势；其他人员以基准兵为准，依次向后排列，自行对正。

成班二路纵队时，单数人员在左，双数人员在右。

2. 排集合

口令：成排横队——集合。

要领：基准班在指挥员前方适当位置，成班横队迅速站好；其他班成班横队，以基准班为准，依次向后排列，自行对正、看齐。

口令：成排纵队——集合。

要领：基准班在指挥员右前方适当位置，成班纵队迅速站好；其他班成班纵队，以基准班为准，依次向右排列，自行对正、看齐。

3. 连集合

口令：成连横队——集合。

要领：队列内的连指挥员或者基准排，在指挥员左前方适当位置，成横队迅速站好；各排和连部成横队，以连指挥员或者基准排为准，依次向左排列，自行对正、看齐。

口令：成连纵队——集合。

要领：队列内的连指挥员或者基准排，在指挥员前方适当位置，成纵队迅速站好；各排和连部成纵队，以连指挥员或者基准排为准，依次向后排列，自行对正、看齐。

口令：成连并列纵队——集合。

要领：队列内的连指挥员或者基准排，在指挥员左前方适当位置，成纵队迅速站好；各排和连部成纵队，以连指挥员或者基准排为准，依次向左排列，自行对正、看齐。

4. 营集合

营集合，通常规定集合的时间、地点、方向、队形、基准分队以及应当携带的武器、器材和装具等事项。

各连按照规定，由连值班员整队带往营的集合地点，随即向基准分队取齐，然后，跑步到距主持集合的营值班员 5—7 步处报告人数，营值班员整队后，向营首长报告人数；也可以由连首长整队带往集合地点，直接向营首长报告。

营长以口令指挥集合时，参照本条第一项有关规定实施。

5. 旅集合

旅集合，参照营集合的规定实施。

（二）离散

离散，是使列队的单个军人、分队、部队各自离开原队列位置的一种队列动作。

1. 离开

口令：各营（连、排、班）带开（带回）。

要领：队列中的各营（连、排、班）指挥员带领本队迅速离开原列队位置。

2. 解散

口令：解散。

要领：队列人员迅速离开原列队位置。

第三十六条　整齐、报数

（一）整齐

整齐，是使列队人员按照规定的间隔、距离，保持横向、纵向平齐的一种队列动作。整齐分为向右（左）看齐、向中看齐和向前对正。

口令：向右（左）看——齐。

向前——看。

要领：基准兵不动，其他人员向右（左）转头（持枪时，听到预令，迅速将枪稍提起，看齐后自行放下；持120反坦克火箭筒时，听到预令，左手握提把，右手握握把，提起发射筒，看齐后自行放下），眼睛看右（左）邻人员腮部，前四名能通视基准兵，自第五名起，以能通视到本人以右（左）第三人为度；后列人员，先向前对正，后向右（左）看齐；听到"向前——看"的口令，迅速将头转正，恢复立正姿势。

口令：以×××为准，向中看——齐。

向前——看。

要领：当指挥员指定"以×××为准（以第×名为准）"时，基准兵答"到"，同时左手握拳高举，大臂前伸与肩略平，小臂垂直举起，拳心向右；听到"向中看——齐"的口令后，其他人员按照向左（右）看齐的要领实施；听到"向前——看"的口令后，基准兵迅速将手放下，其他人员迅速将头转正，恢复立正姿势。

一路纵队看齐时，可以下达"向前——对正"的口令。

（二）报数

口令：报数。

要领：横队从右至左（纵队由前向后）依

308

次以短促洪亮的声音转头（纵队向左转头）报数，最后一名不转头；数列横队时，后列最后一名报"满伍"或者"缺×名"；连集合时，由指挥员下达"各排报数"的口令，各排长在队列内向指挥员报告人数，如"第×排到齐"或者"第×排实到××名"。

必要时，连也可以统一报数。

要领：连实施统一报数时，各排不留间隔，要补齐，成临时编组的横队队形。报数前，连指挥员先发出"看齐时，以一排长为准，全连补齐"的预告，尔后下达"向右看——齐"口令，待全连看齐后，再下达"向前——看"和"报数"的口令，报数从一排长开始，后列最后一名报"满伍"或者"缺×名"。

第三十七条 出列、入列

单个军人和分队出列、入列，通常用跑步，5步以内用齐步（1步用正步，不摆臂），或者按照指挥员指定的步法执行；然后，进到指挥员右前侧适当位置或者指定位置，面向指挥员成立正姿势。

（一）单个军人出列、入列

1. 出列

口令：×××（第×名），出列。

要领：出列军人听到呼点自己姓名或者序号后应当答"到"，听到"出列"的口令后，应当答"是"。

（1）位于第一列（左路）的军人，按照本条上述规定，取捷径出列。

（2）位于中列（中路）的军人，向后（左）转，待后列（左路）同序号的军人向右后退1步（左后退1步）让出缺口后，按照本条的上述规定从队尾（纵队时从左侧）出列；位于"缺口"位置的军人，待出列军人出列后（连并列纵队，待出列军人行至本排左侧时），即复原位。

（3）位于最后一列（右路）的军人出列，先退1步（右跨1步），然后，按照本条有关规定从队尾出列。

2. 入列

口令：入列。

要领：听到"入列"的口令后，应当答"是"，然后，按照出列的相反程序入列。

（二）班（排）出列、入列

1. 出列

口令：第×班（排），出列。

要领：听到"第×班（排）"的口令后，由出列班（排）的指挥员答"到"，听到"出列"的口令后，由出列班（排）的指挥员答"是"，并用口令指挥本班（排），按照本条有关规定，以纵队形式从队尾（位于第一列的班取捷径）出列。

2. 入列

口令：入列。

要领：听到"入列"的口令后，由入列班（排）指挥员答"是"，并用口令指挥本班（排），以纵队形式从队尾（位于第一列的班取捷径）入列。

第三十八条　行进、停止

横队和并列纵队行进以右翼为基准，纵队行进以左翼为基准（一路纵队行进以先头为基准）。

（一）行进，指挥员应当下达"×步——走"的口令。听到口令，基准兵向正前方前进，其他人员向基准翼看齐，保持规定的间隔、距离行进。纵队行进时，排、连通常成三路纵队，也可以成一、二路纵队。行进中，需要时，用"一二一"（调整步伐的口令）、"一二三四"（呼号）或者唱队列歌曲，以保持步伐的整齐和振奋士气。

（二）停止，指挥员应当下达"立——定"的口令。听到口令，按照立定的要领实施，分队的动作要整齐一致；停止后，听到"稍息"的口令，先自行对正、看齐，再稍息。

第三十九条　队形变换

队形变换，是由一种队形变为另一种队形的队列动作。

（一）横队和纵队的互换

横队变纵队：

停止间口令：向右——转。

行进间口令：向右转——走。

纵队变横队：

停止间口令：向左——转。

行进间口令：向左转——走。

要领：停止间，按照单个军人向右（左）转的要领实施；行进间，按照单个军人向右（左）转走的要领实施。分队动作要整齐一致；队形变换后，排以上指挥员应当进到规定的列队位置。

（二）停止间班横队和班二列横队，班纵队和班二路纵队互换

1. 班横队变班二列横队

口令：成班二列横队——走。

要领：变换前，先报数。听到口令，双数人员左脚后退 1 步，右脚（不靠拢左脚）向右跨 1 步，左脚向右脚靠拢，站到单数人员之后，

自行对正、看齐。

2. 班二列横队变班横队

口令：间隔1步，向左离开。

成班横队——走。

要领：听到"间隔1步，向左离开"的口令，取好间隔；听到"成班横队——走"的口令，双数人员左脚左跨1步，右脚（不靠拢左脚）向前1步，左脚向右脚靠拢，站到单数人员左侧，自行看齐。

3. 班纵队变班二路纵队

口令：成班二路纵队——走。

要领：变换前，先报数。听到口令，双数人员右脚右跨1步，左脚（不靠拢右脚）向前1步，右脚向左脚靠拢，站到单数人员右侧，自行对正、看齐。

4. 班二路纵队变班纵队

口令：距离2步，向后离开。

成班纵队——走。

要领：听到"距离2步，向后离开"的口

令，取好距离；听到"成班纵队——走"的口令，双数人员右脚后退1步，左脚（不靠拢右脚）左跨1步，右脚向左脚靠拢，站到单数人员之后，自行对正。

（三）连纵队和连并列纵队的互换

1. 连纵队变连并列纵队

停止间口令：成连并列纵队，齐步——走。

行进间口令：成连并列纵队——走。

要领：连指挥员或者基准排踏步，其他排和连部逐次进到连指挥员或者基准排左侧踏步并取齐，然后，听口令前进或者停止。

连、排指挥员位置的变换方法：听到口令，连长左脚继续踏1步，右脚向右前1步，进到政治指导员前方仍踏步，政治指导员继续踏步，副连长向前2步（未编有副政治指导员时，副连长向左前2步），进到连长左侧，副政治指导员向左前1步，进到政治指导员左侧，排长、司务长进到预定列队位置，继续踏步并取齐。

2. 连并列纵队变连纵队

停止间口令：成连纵队，齐步——走。

行进间口令：成连纵队——走。

要领：连指挥员或者基准排照直前进，其他排和连部停止间和行进间均踏步，待连指挥员或者基准排离开原位后，各排按照排长的口令、连部和炊事班按照司务长的口令依次跟进。

连、排指挥员位置的变换方法：听到口令，连长向左前1步，进到副连长前方踏步，政治指导员向前2步，进到连长右侧继续踏步，副政治指导员向右前1步，进到副连长右侧继续踏步（未编有副政治指导员时，副连长右跨半步并踏步），排长、司务长进到预定列队位置继续踏步，取齐后照直前进。

（四）营横队（营并列纵队）和营纵队互换

1. 营横队（营并列纵队）变营纵队

停止间口令：成营纵队，齐步——走。

行进间口令：成营纵队——走。

要领：营指挥员或者营部照直前进，各连按照连长的口令变为连纵队，依次跟进；营并列纵队变为营纵队，营指挥员或者营部照直前进，各连按照连长的口令依次跟进。

2. 营纵队变营横队（营并列纵队）

停止间口令：成营横队（营并列纵队），齐步——走。

行进间口令：成营横队（营并列纵队）——走。

要领：营指挥员或者营部踏步，各连依次进到营部左侧变为连并列纵队踏步，并向基准分队取齐，然后，听口令前进或者停止。营纵队变为营并列纵队，营指挥员或者营部踏步，各连依次进到营部左侧踏步，并向基准分队取齐，然后，听口令前进或者停止。

3. 营指挥员位置的变换方法，参照本条第三项有关规定实施。

（五）旅的队形变换

旅的队形变换，参照营队形变换的规定

317

实施。

第四十条 方向变换

方向变换，是改变队列面对的方向的一种队列动作。

（一）横队和并列纵队方向变换

停止间，通常是左（右）转弯或者左（右）后转弯，必要时可以向后转。

停止间口令：左（右）转弯，齐步（跑步）——走，或者左（右）后转弯，齐步（跑步）——走；向后——转，齐步（跑步）——走（当需要向后转走时，应当先下"向后——转"的口令，待方向变换后，再下"齐步——走"或者"跑步——走"的口令）。

行进间口令：左（右）转弯——走，或者左（右）后转弯——走。

要领：一列横队方向变换时，轴翼人员踏步，并逐渐向左（右）转动；外翼第一名人员用大步行进并同相邻人员动作协调，逐步变换方向（愈接近轴翼者，其步幅愈小），其他人

318

员用眼睛的余光向外翼取齐，并保持规定的间隔和排面整齐，转到 90 度或者 180 度时踏步并取齐，听口令前进或者停止。

数列横队和并列纵队方向变换时，第一列轴翼人员停止间用踏步、行进间用小步，外翼人员用大步行进，保持排面整齐，边行进边变换方向，转到 90 度或者 180 度后，听口令前进或者停止；后续各列按照上述要领，保持间隔、距离，取捷径进到前一列转弯处，转向新方向跟进。

（二）纵队方向变换

停止间，通常是左（右）转弯，或者左（右）后转弯，必要时可以向后转。

停止间口令：左（右）转弯，齐步（跑步）——走，或者左（右）后转弯，齐步（跑步）——走；向后——转，齐步（跑步）——走（按照横队和并列纵队向后转走的方法实施）。

行进间口令：左（右）转弯——走，或者

左（右）后转弯——走。

要领：一路纵队方向变换，基准兵在左（右）转弯时，按照单个军人行进间转法（停止间，左转弯走时，左脚先向前1步）的要领实施，在左（右）后转弯时，用小步边行进边变换方向，转到90度或者180度后，照直前进；其他人员逐次进到基准兵的转弯处，转向新方向跟进。

数路纵队方向变换时，按照数列横队和并列纵队方向变换的要领实施。

第四十一条　分队、部队敬礼

（一）停止间敬礼

要领：当首长行至距本分队（部队）适当距离时，指挥员下达"立正"的口令，跑步到首长前5—7步处敬礼。待首长还礼后礼毕，再向首长报告。报告完毕，待首长指示后，答"是"，再敬礼。待首长还礼后礼毕，尔后跑步回到原来位置，下达"稍息"口令或者继续进行操练。

（二）行进间敬礼

要领：由带队指挥员按照单个军人行进间敬礼的规定实施，队列人员按照原步法行进。

第四十二条 班的置枪（架枪）、取枪

班的置枪（架枪），通常以班横队实施。

（一）置枪

口令：置枪。

要领：自动步枪手、狙击步枪手，左脚向前1步，将枪放在右脚外侧前，枪面向右，托后踵（95式自动步枪托底）与脚尖齐。

班用机枪射手，左脚向前1步，左手打开脚架，两手协力将枪架在右脚外侧前，托后踵（95式班用机枪托底）与脚尖齐。

班用机枪副射手，左脚向前1步，将弹盒袋（95式班用机枪弹鼓）放在左脚前。

120反坦克火箭筒置筒时，组长左脚向前1步，将多用途支架置于地上，尔后左脚向左后方撤步的同时转体向左取下小三脚架，并安装三脚架，安装完毕后回到原来位置；一射手待

组长安装好小三脚架后，左手握提把，右手握小三脚架卡齿座，打开脚架，左脚向前 1 步顺势将发射筒置于地上。其他射手，先放自动步枪，要领同自动步枪手；后放弹药背具，要领同班用机枪副射手。

听到"好"的口令，各枪手（筒手），一齐放手回原位，全班成立正姿势。

（二）架枪

口令：架枪。

要领：听到"架枪"的口令，班用机枪射手按照架枪的要领架枪；自动步枪手、狙击步枪手，左脚向前（左前、右前）1 步，将枪靠在班用机枪护木上；班用机枪副射手的动作要领同置枪。

（三）取枪

口令：取枪。

要领：81 式自动步枪手、03 式自动步枪手、20 式自动步枪手、20 式精准步枪手、狙击步枪手，左脚向前 1 步，右手握护木（03 式自动步枪握护盖，20 式自动步枪、20 式精准步枪握护手）取枪。

95 式自动步枪手、20 式自动步枪手，左脚向前 1 步，左手掌心向下，反握上护盖前端（护手前端），右手反握枪托中间部位，然后，按照肩枪的要领将枪送上右肩。

班用机枪射手，左脚向前 1 步，右手握护木（95 式班用机枪手，右手握脚架连接座与枪口之间），左手折回脚架，取枪。

班用机枪副射手，左脚向前 1 步，取回弹盒袋或者弹鼓（弹药背具、自动步枪）。

听到"好"的口令，各枪手回原位，全班成持枪、肩枪立正姿势。

第四十三条 排、连的置枪（架枪）、取枪

置枪（架枪）前，视情况调整班、排的距离和间隔，然后，按照本条令第四十二条的规定实施；取枪后，恢复原间隔、距离。

第四十四条 指挥员列队位置的变换

连长、营长、旅长出列指挥后，其列队位

置，应当由副连长、副营长、副旅长替补。

队列内指挥员列队位置的变换方法：

横队、并列纵队时，副连长（副营长）右跨1步（编有副政治教导员时，副政治教导员向前1步），副政治指导员向前1步（未编有副政治指导员时，政治指导员左跨1步，与副连长对齐）；副旅长、参谋长向前1步。

纵队时，副连长向前1步（未编有副政治指导员时，副连长左跨半步，政治指导员后退1步；编有副政治教导员时，副营长向前1步，副政治教导员左跨半步），副政治指导员（副营长）左跨半步，政治教导员后退1步；副旅长、参谋长向前1步。

第四十五条　卫兵执勤动作

营门卫兵持自动步枪时，可以双手持枪或者挂枪。礼宾哨等其他固定哨位的卫兵可以肩枪或者持枪。执行临时勤务的卫兵，操枪姿势可以根据上级要求执行。配带手枪时，通常将枪系于外腰带上；穿戴战斗装具时，将枪置于枪套内，弹匣置于弹匣套内。携带警棍时，将警棍置于外腰带上，通常位于左胁下。

（一）查验证件

要领：来人距哨位 5—7 步时，卫兵右臂（左臂）抬起，五指并拢，掌心向前，面对来人提示："请留步"；尔后向来人敬礼："请出示证件"。卫兵伸出左手自然接证，验证后仍然用左手将证件还给来人；其他卫兵保持警戒。

（二）交接班

要领：接班卫兵距离交班卫兵 2—3 步，两人相互敬礼，相向面对面站立，协同观察周围情况。需要交接枪支时，交班卫兵枪面向前、枪口朝上将枪交给接班卫兵；接班卫兵接过枪支，与交班卫兵并肩站立；舰艇等不便并肩站立的，接班卫兵可以半面向左转。领班员组织验枪、清点子弹。接班卫兵挂枪后，进入哨位。

交接班期间，应当保持警戒状态，限制人员和车辆通行。

第四十六条 其他分队、部队的队列动作，参照本节有关规定实施；队形需要调整时，按照军兵种有关规定执行。

第三节　分队乘坐交通工具

第四十七条　乘坐运输车

分队乘坐运输车，通常在运输车的后侧适当位置列队，每辆车指定一名车长负责组织乘车。

（一）登车、下车

口令：登车。

下车。

要领：听到车长"登车"的口令后，通常情况下，驾驶员与安全员打开后车厢板，乘车人员成二路或者四路纵队依次从车厢后侧上车，前一名上车后协助后一名上车；乘车人员上车后按照指定的位置就位；车长位于驾驶室，两名观察员分别位于车厢左前角和右后角，安全员位于左后角。携枪时，将枪置于两腿间，两手扶枪或者左右手交替扶枪；背囊（背包）通常集中放置或者用于坐靠。上车后，安全员或

326

者右后角观察员协助驾驶员关好后车厢板，并挂好安全链；清点人员、装备、物资后，车长向指挥员报告："第×号车，登车完毕"。

听到"下车"的口令后，通常由安全员或者右后角观察员协助驾驶员打开后车厢板，乘车人员按照上车的相反顺序下车；下车后，按照指挥员的命令，到指定地点集合。

（二）开车、停车

口令：开车。

停车。

要领：车长根据指挥员的命令，及时下达"开车"、"停车"口令，各车依次前进或者停止。

分队乘坐步兵战车、装甲车等作战机动平台，按照军兵种有关规定执行。

第四十八条 乘坐客车

分队乘坐客车，通常在客车右侧适当位置列队，每辆车指定一名车长负责组织乘车。

（一）登车、下车

口令：登车。

下车。

要领：听到车长"登车"的口令后，乘车人员按照编制序列，由后至前依次就坐，也可以根据车长指定位置就坐，并系好安全带；车长位于车内右前方，两名观察员分别位于车内左前方和右后方，安全员位于左后方。携枪时，将枪置于两腿间，两手扶枪或者左右手交替扶枪。携带携行物资登车时，按照先物资后人员的顺序进行；听到车长"开始装载"的口令后，乘车人员将物资放置在客车行李舱指定位置；装载完毕后，车长检查装载情况。清点人员、装备、物资后，车长向指挥员报告："第×号车，登车完毕"。

听到"下车"的口令后，乘车人员按照上车的相反顺序下车。下车后，按照指挥员的命令，到指定地点集合。

（二）开车、停车

口令：开车。

停车。

要领：车长根据指挥员的命令，及时下达"开车"、"停车"口令，各车依次前进或者停止。

第四十九条　车辆行进中的调整

（一）调整哨的设置

为了保证车辆安全顺利行进，根据需要，在车辆必经的交叉路口和复杂路段，可以设置调整哨。

调整哨应当设置在便于观察和指挥的位置，通常由一人担任，徒手或者持红旗、绿旗，对行进中需要停止、转弯和直行的车辆进行调整指挥；必要时可以增设游动调整哨，协助调整指挥。调整哨应当按照规定携带武器、指挥和通信器材等。

（二）调整指挥的要领

1. 示意车辆停止：调整人员徒手时，面对车辆，左臂向前上方直伸与水平面成45度，掌心向前，五指并拢，两眼平视前方，右手不动；持旗时，面对车辆，左手持红旗，左臂向前平伸，与身体略成90度，右手持绿旗不动。

2. 示意车辆左转弯：调整人员徒手时，面向调整方向，右臂向前平伸与身体略成90度，掌心向前，五指并拢，同时向左转头45度，左臂与手掌（五指并拢，掌心向右）平直，向右前方摆动，与身体略成45度，拇指根部不超过衣扣线，回摆时中指不超过裤缝线，重复摆动3次；持旗时，面对车辆，左手持红旗，左臂伸直由前向上高举，右手持绿旗，右臂向前平伸指向车辆，尔后水平摆向右侧，与两肩略成一线。

3. 示意车辆右转弯：调整人员徒手时，面向调整方向，左臂向前平伸与身体略成90度，掌心向前，五指并拢，同时向右转头约45度，右臂与手掌（五指并拢，掌心向左）平直，向左前方摆动，与身体略成45度，拇指根部不超过衣扣线，回摆时中指不超过裤缝线，重复摆动3次；持旗时，面对车辆，左手持红旗，左臂伸直由前向上高举，右手持绿旗，右臂向前平伸指向车辆，尔后小臂向左内折约 90 度。

4. 示意车辆由左向右直行：调整人员通常位于车辆行进路线一侧，面向公路。徒手时，右臂向右平伸，与身体略成 90 度，掌心向前，五指并拢，同时向右转头约 45 度，尔后，左臂向左平伸（要领同右臂），同时向左转头约 90 度，左臂向右摆动，摆至身体正前方时，小臂内折与大臂约 90 度，左小臂略成水平，同时向右转头约 90 度；持旗时，左手持红旗，左臂伸直由前向上高举，右手持绿旗，右臂向右平伸，与身体略成 90 度。

5. 示意车辆由右向左直行：调整人员位置同本项第 4 目。徒手时，左臂向左平伸，与身体略成 90 度，掌心向前，五指并拢，同时向左转头约 45 度，尔后，右臂向右平伸（要领同左臂），同时向右转头约 90 度，右臂向左摆动，摆至身体正前方时，小臂内折与大臂约 90 度，右小臂略成水平，同时向左转头约 90 度；持旗时，左手持红旗，左臂伸直由前向上高举，右手持绿旗，右臂向右平伸指向车辆，尔后向左摆动，摆至身体正前方时，小臂向左内折约90度。

第五十条　乘坐火车

分队乘坐火车，通常在站台或者其他适当位置列队。每节车厢指定一名车厢长，由其协助乘务人员组织分队乘车。

口令：登车。

下车。

要领：听到"登车"的口令后，乘车人员通常成一路或者二路纵队，依次从指定的车厢门登车，按照指定的位置就位。携枪时，将枪置于两腿间；背囊（背包）通常置于行李架上或者集中放置。车厢长位于车厢门附近位置，安全员位于车厢左后方。清点人员、装备、物资后，车厢长向指挥员报告："第×号车厢，登车完毕"。

听到"下车"的口令后，乘车人员按照上车的相反顺序下车；下车后，按照指挥员的命令，到指定地点集合。

第五十一条 乘坐舰艇（船艇）

分队乘坐舰艇（船艇）时，通常在码头或者其他适当位置列队，按照舰艇（船艇）艇长的命令，由分队指挥员协助组织实施。

口令：登舰（登船）。

离舰（下船）。

要领：听到"登舰（登船）"的口令后，乘坐舰艇（船艇）人员通常成一路或者多路纵队，依次从指定的舷梯或者登舰（登船）地点登舰（登船），按照舰艇（船艇）乘用要求到达指定的位置就位。枪支、背囊（背包）通常随身携带或者放置在指定位置。分队指挥员通常位于舱门位置。清点人员、装备、物资后，分队指挥员向上级指挥员报告。

听到"离舰（下船）"的口令后，乘坐舰艇（船艇）人员按照登舰（登船）的相反顺序离舰（下船）。离舰（下船）后，按照上级指挥员的命令，到指定地点集合。

第五十二条 乘坐飞机（直升机）

分队乘坐客机、运输机、直升机时，通常在停机坪或者指定地点列队，由分队指挥员协助机组人员组织实施登机或者下机。

口令：登机。

下机。

要领：听到"登机"的口令后，乘机人员通常成一路或者多路纵队，依次从指定的舷梯或者舱门登机。乘坐客机的人员，按照指定的座位就坐，并系好安全带；乘坐无固定座位的运输机、直升机时，根据舱室实际情况，确定乘坐位置。分队指挥员通常位于舱门适当位置，安全员的位置由机组人员指定。清点人员、装备、物资后，分队指挥员向上级指挥员报告。

听到"下机"的口令后，乘机人员按照登机的相反顺序下机。下机后，按照上级指挥员的命令，到指定地点集合。

第五章　国旗的掌持、升降和军旗的掌持、授予与迎送

第五十三条　国旗的掌持

国旗由一名掌旗员掌持，两名护旗兵护旗，护旗兵位于掌旗员两侧。

掌持国旗的姿势为扛旗。

扛旗要领：右手将旗扛于右肩，旗杆套稍高于肩，右臂伸直，右手掌心向下握旗杆，左手放下；听到"齐步——走"的口令，开始行进。

第五十四条　国旗的升降

要领：升旗时，掌旗员将旗交给护旗兵，协力将国旗套（挂）在旗杆绳上并系紧，掌旗员将国旗抛展开的同时，由护旗兵协力将旗升至旗杆顶。

降旗时，由护旗兵解开旗杆绳并将旗降下，掌旗员接扛于肩。

下半旗时，先将国旗升至旗杆顶，然后徐

徐降至旗顶与旗杆顶之间的距离为旗杆全长的三分之一处；降旗时，先将国旗升至旗杆顶，然后再降下。

升、降国旗时，掌旗员应当面向国旗行举手礼。

第五十五条　军旗的掌持

军旗由部队首长指派一名掌旗员掌持，两名护旗兵护旗。护旗兵携自动步枪（冲锋枪）成挂枪姿势，位于掌旗员两侧。

掌旗员通常由军官或者军士充任，护旗兵由士兵充任。掌旗员和护旗兵应当具备良好的军政素质和魁梧匀称的体形。

（一）掌旗姿势

掌持军旗的姿势分为持旗、扛旗和端旗。

持旗要领：立正时，右臂自然下垂，右手持旗杆，使旗杆垂直立于右脚外侧；稍息时，持旗姿势不变。

扛旗要领：听到"齐步——走"的预令后，左手握旗杆套下方约10厘米处，两手协力

336

将旗上提，扛于右肩，旗杆套稍高于肩，右臂伸直，右手掌心向下握旗杆，左手放下；听到动令，开始行进。

端旗要领：右手握旗杆套下约 10 厘米处，右臂向前伸直，右手约与肩同高，左手握旗杆下部，左小臂斜贴于腹部。

（二）扛旗、端旗互换

1. 扛旗换端旗

口令：正步——走。

要领：听到"正步——走"的口令后，在左脚落地时，左手在右手腕处握旗杆；在右脚落地时，右手移握距旗杆套约 10 厘米处；再出左脚的同时，右臂向前伸直，左手向后压，两手协力转换成端旗姿势，继续行进。

2. 端旗换扛旗

口令：齐步——走。

要领：听到"齐步——走"的口令后，在左脚落地的同时，收右臂，左手前推，将旗扛于右肩；在右脚落地时，右手移握旗杆下部，右臂伸直；再出左脚的同时，左手放下，换齐步行进。

3. 停止间扛旗、端旗互换，参照行进间的动作要领执行。

（三）迎送军旗时，掌旗员、护旗兵行进、转弯、步法变换和停止的口令由掌旗员下达。

掌旗员、护旗兵转弯时，按照踏步的动作要领，以掌旗员为轴同时转体，使排面向右（左）转90度，成立正姿势。

第五十六条　军旗的授予

授予军旗时，由上级首长授旗。

要领：授旗前，应当将旗套在旗杆上，由一名掌旗员持旗，护旗兵位于掌旗员两侧，成横队立于授旗台左侧适当位置，面向部队。听到主持人宣布"授旗"时，掌旗员、护旗兵右转弯面向授旗首长端旗正步向前，行进至适当位置成立正姿势，掌旗员使旗杆垂直，右手移握距旗杆套下约20厘米处，将旗交给授旗首长；然后掌旗员、护旗兵按照相反方向正步撤至预定位置。被授旗单位首长带领掌旗员、护旗兵正步走到授旗首长面前，此时，掌旗员位于被授旗单位首长后面，护旗兵在掌旗员两侧成横队，被授旗单位首长同时向授旗首长行举手礼。

当授旗首长将旗授予被授旗单位首长时（授旗首长左手握旗杆套下约 10 厘米处，右手握旗杆下部），被授旗单位一名首长双手接旗（右手握旗杆套下约 20 厘米处，左手握旗杆下部），然后面向部队，成端旗立正姿势（另一名首长同时面向部队，成立正姿势）；此时，主持人下达"向军旗敬礼"的口令，在场全体军人向军旗敬礼。当下达"礼毕"口令后，被授旗单位首长将军旗交给掌旗员；掌旗员端旗与护旗兵正步行至授旗台右侧适当位置，然后面向部队，成持旗立正姿势。

第五十七条　迎军旗

将展开的军旗持入队列时，部队应当整队组织迎军旗。迎军旗时，通常成横队；特殊情况下，可以由机关和指定的分队参加，按照部队首长临时规定队形列队。

迎军旗时，主持迎军旗的指挥员下达"立正"、"迎军旗"的口令，听到口令后，掌旗员（扛旗）、护旗兵齐步行进，当由正前或者左前方向部队右翼行进至距队列40—50步或者队列正面中央适当位置时，主持迎军旗的指挥员下达"向军旗——敬礼——"的口令，听到口令后，位于指挥位置和阅兵台（主席台）的军官行举手礼，其余人员行注目礼；掌旗员（由扛旗换端旗）、护旗兵换正步，取捷径向部队右翼排头行进，当超过机关队形时，主持迎军旗的指挥员下达"礼毕"口令，部队礼毕；掌旗员（由端旗换扛旗）、护旗兵换齐步。军旗进到部队指挥员右侧3步处时，左后转弯立定，成立正姿势。

第五十八条　送军旗

将军旗持出队列时，部队应当整队组织送军旗。送军旗时，参加人员和队形与迎军旗同。

送军旗时，主持送军旗的指挥员下达"立正"、"送军旗"的口令；听到口令后，掌旗员

（成扛旗姿势）、护旗兵按照迎军旗路线相反方向齐步行进；军旗出列后行至机关队形右侧前时，主持送军旗的指挥员下达"向军旗——敬礼——"的口令；听到口令后，掌旗员（由扛旗换端旗）、护旗兵换正步，部队按照迎军旗的规定敬礼；当军旗离开距队列正面40—50步或者队列正面中央适当位置时，主持送军旗的指挥员下达"礼毕"的口令，部队礼毕，掌旗员（由端旗换扛旗）、护旗兵换齐步，返回原出发位置。

第五十九条 军队其他单位迎送军旗，参照本条令第五十七条、第五十八条的规定组织实施。

第六章　阅　　兵

第一节　基本规范

第六十条 阅兵时机

在重大节日或者组织重要活动时，可以举行阅兵。

第六十一条　阅兵分类

按照阅兵活动的主要空间，阅兵分为陆上阅兵、海上阅兵和码头阅兵、空中阅兵。

第六十二条　阅兵指挥

阅兵，分为上级首长检阅和本级首长检阅。当上级首长检阅时，由本级军事首长任阅兵指挥；当本级军政主官检阅时（通常由一名主官检阅，另一名主官位于阅兵台或者受阅部队中央前方适当位置面向部队），由副部队长或者参谋长任阅兵指挥。

第二节　陆上阅兵

第六十三条　阅兵权限

陆上阅兵，由党和国家领导人，中央军委主席、副主席、委员及团级以上单位军政主官或者上述人员授权的其他指挥员实施；通常由一人检阅。

陆上阅兵，分为阅兵式和分列式；通常进行两项，根据需要，也可以只进行一项。

第六十四条　旅阅兵程序

（一）迎军旗

迎军旗，在阅兵式开始前进行，具体方法按照本条令第五十七条的规定实施。

（二）阅兵式

阅兵式程序：

1. 阅兵式准备

旅阅兵式的队形，通常为营横队的旅横队，或者由旅首长临时规定。列队时，各枪手、炮手分别持枪（95 式自动步枪手、20 式短自动步枪手、冲锋枪手挂枪）、持炮，120 反坦克火箭筒手持筒；必要时，可以架枪、架炮。

2. 阅兵首长接受阅兵指挥报告

当阅兵首长行至本旅队列右翼适当距离时或者在阅兵台就位后（当上级首长检阅时，通常由旅政治委员陪同入场并陪阅），阅兵指挥在队列中央前下达"立正"的口令，随后跑到距阅兵首长 5—7 步处敬礼，待阅兵首长还礼后礼毕并报告："×××（职务）同志，××第×旅列队完毕，请您检阅"。报告后，左跨 1 步，向右转，让首长先走，尔后在其右后侧（当上级首长检阅时，旅政治委员在旅长右侧）跟随陪阅。

3. 阅兵首长向军旗敬礼

阅兵首长行至距军旗适当位置时，应当立正向军旗行举手礼（陪阅人员面向军旗，行注目礼）。

4. 阅兵首长检阅部队

当阅兵首长行至旅机关、各营部、各连及保障分队队列右前方时，旅机关由副旅长或者参谋长、各营部由营长、各连由连长、保障分队由旅指定的指挥员下达"敬礼"的口令；听到口令后，位于指挥位置的军官行举手礼，其余人员行注目礼，目迎目送首长（左、右转头不超过 45 度），阅兵首长应当还礼，陪阅人员行注目礼；当首长问候："同志们好!"或者"同志们辛苦了!"，队列人员应当齐声洪亮地

344

回答："首——长——好！"或者"为——人民——服务！"；当首长通过后，指挥员下达"礼毕"的口令，队列人员礼毕。

5. 阅兵首长上阅兵台

阅兵首长检阅完毕后上阅兵台，阅兵指挥跑步到队列中央前，下达"稍息"口令，队列人员稍息。当上级首长检阅时，旅政治委员陪同首长上阅兵台，然后跑步到自己的列队位置。

（三）分列式

旅分列式队形由旅阅兵式队形调整变换，或者由旅首长临时规定。

分列式程序：

1. 分列式准备

旅分列式，应当设 4 个标兵。一、二标兵之间和三、四标兵之间的间隔各为 15 米，二、三标兵之间的间隔为 40 米。标兵应当携带自动步枪，并在枪上插标兵旗。

班用机枪手、狙击步枪手、20 式精准步枪手托枪，81 式自动步枪手提枪，95 式自动步枪手、03 式自动步枪手、20 式自动步枪手、20 式短自动步枪手、冲锋枪手挂枪，120 反坦克火箭筒手扛筒，重机枪手、高射机枪手扛枪，迫击炮手、无坐力炮手扛炮（通常成结合状态）。

2. 标兵就位

分列式开始前，阅兵指挥在队列中央前，下达"立正"、"标兵，就位"的口令；标兵听到口令，成一路纵队持枪（托枪、挂枪）跑步到规定的位置，面向部队成立正姿势。

3. 调整部队（分队）为分列式队形

标兵就位后，阅兵指挥下达"分列式，开始"的口令，尔后，跑步到自己的列队位置；听到口令后，各分队按照规定的方法携带武器（掌旗员扛旗），旅、营指挥员分别进到旅机关和营部的队列中央前，各分队指挥员进到本分队队列中央前，下达"右转弯，齐步——走"的口令，指挥分队变换成分列式队形。

4. 开始行进

变换成规定的分列式队形后，旅机关由副

旅长或者参谋长下达"齐步——走"的口令；听到口令后，旅指挥员、旅机关人员齐步前进，其余分队依次待前一分队离开约15米时，分别由营长、连长及保障分队指挥员下达"齐步——走"的口令，指挥本分队人员前进。

5. 接受首长检阅

各分队行至第一标兵处，将队列调整好；进到第二标兵处，掌旗员下达"正步——走"的口令，并和护旗兵同时由齐步换正步，扛旗换端旗（掌旗员和护旗兵不转头），此时，阅兵首长和陪阅人员应当向军旗行举手礼；副旅长或者参谋长和各分队指挥员分别下达"向右——看"的口令，队列人员听到口令后，可以呼喊"一、二"，按照规定换正步（81式自动步枪手换端枪）行进，并在左脚着地的同时向右转头（位于指挥位置的军官行举手礼，并向右转头，各列右翼第一名不转头）不超过45度注视阅兵首长，此时，阅兵台首长应当行举手礼。

进到第三标兵处，掌旗员下达"齐步——

走"的口令，并与护旗兵由正步换齐步，同时换扛旗；其他分队由上述指挥员分别下达"向前——看"的口令，队列人员听到口令后，在左脚着地时礼毕（将头转正），同时换齐步（81 式自动步枪手换提枪）行进。

当上级首长检阅时，旅长和旅政治委员通过第三标兵后，到阅兵首长右侧陪阅；各分队通过第四标兵，换跑步到指定的位置。

6. 标兵撤回

待最后一个分队通过第四标兵，到达指定位置后，阅兵指挥下达"标兵，撤回"的口令，标兵按照相反顺序跑步撤至预定位置。

（四）阅兵首长讲话

分列式结束后，阅兵指挥调整好队形，请阅兵首长讲话。讲话完毕，阅兵指挥下达"立正"口令，向阅兵首长报告阅兵结束。当上级首长检阅时，由旅政治委员陪同阅兵首长离场。

（五）送军旗

送军旗，在阅兵首长讲话后或者分列式结

束后进行，具体方法按照本条令第五十八条的规定实施。

第六十五条　师级以上部队阅兵

（一）师级以上部队组织阅兵，应当建立相应的指挥机构，设阅兵指挥和副指挥（必要时设阅兵总指挥和副总指挥），负责阅兵的组织指挥。成建制阅兵时，由受阅部队最高首长担任指挥；同一军兵种不同建制部队参加阅兵时，由共同首长或者上级指定的首长担任指挥；多个军兵种部队联合参加阅兵时，由有关联合指挥机构的最高首长或者上级指定的首长担任指挥。阅兵指挥陪阅时，由阅兵副指挥接替其指挥。

（二）阅兵式

受阅部队阅兵队形根据阅兵的目的、场地条件和部队的数量、装备等情况确定。通常分为徒步方队和装备方队。结合重大作战、演训任务组织沙场阅兵时，阅兵队形按照作战编成（作战群）确定，也可以由阅兵指挥确定。

徒步方队的阅兵队形：成建制阅兵时，按照编制序列排列；同一军兵种不同建制部队参加阅兵时，通常按照编制序列排列，也可以按照阅兵指挥确定的序列排列；多个军兵种部队联合参加阅兵时，通常按照陆军、海军、空军、火箭军、军事航天部队、网络空间部队、信息支援部队和联勤保障部队序列排列，也可以按照阅兵指挥确定的序列排列。预备役部队参加阅兵时，按照阅兵指挥确定的序列排列。

装备方队的阅兵队形：成建制阅兵时，按照编制序列排列；同一军兵种不同建制部队参加阅兵时，通常按照编制序列排列，也可以按照阅兵指挥确定的序列排列；多个军兵种部队联合参加阅兵时，通常按照陆军、海军、空军、火箭军、军事航天部队、网络空间部队、信息支援部队和联勤保障部队序列排列，也可以按照装备类型统一排列。

装备方队的车辆通常成 3—4 路、4—6 列；

车与车的间隔为 2—3 米，距离：坦克为 5 米，步兵战车（装甲输送车、伞兵突击车）和汽车均为 2—3 米；人员通常在本方队车辆前成数列横队列队，力求与车辆排面宽度一致，后列人员与车辆相距 3—5 米。

首长乘车阅兵时，阅兵指挥乘车到达首长车的右前方（两车头相距约 5 米）停车向首长报告，尔后，在首长车的右后侧（指挥车前轮与首长车后轮在一线上，两车间隔 2 米）陪阅。首长车距受阅队列 10—20 米，以每小时 15—20 公里的速度从队列前通过，返回阅兵台时，以每小时约 40 公里的速度行驶。

当阅兵首长行至各方队（作战群）右前方时，各方队（作战群）指挥员下达"敬礼"或者"××方队（作战群）敬礼"的口令；听到口令后，位于指挥位置的军官行举手礼，其他人员行注目礼，目迎目送首长（左、右转头不超过 45 度），阅兵首长应当还礼，陪阅人员行注目礼；当首长问候："同志们好!"或者"同志们辛苦了!", 队列人员应当齐声洪亮地回答: "首——长——好!" 或者 "为——人民——服务!"; 当首长通过后, 指挥员下达 "礼毕" 的口令, 队列人员礼毕。

中央军委主席阅兵问候: "同志们好!" 或者 "同志们辛苦了!", 队列人员应当齐声洪亮地回答: "主——席——好!" 或者 "为——人民——服务!"。

(三) 分列式

分列式开始前, 应当设好标兵。标兵的间隔可以适当调整; 需要时, 可以增设若干个辅助标兵 (枪上不插标兵旗)。

分列式行进时, 按照徒步方队、装备方队的顺序行进。装备方队之间的距离为 20 米; 装备方队长径大于二、三标兵之间的间隔时, 可以分别下达 "向右——看" 和 "向前——看" 的口令; 车与车的距离: 坦克为 13 米, 步兵战车 (装甲输送车、伞兵突击车) 和汽车均为 10 米; 车与车的间隔: 坦克为 2—3 米, 步兵战车

（装甲输送车、伞兵突击车）和汽车均为4米；时速：从第一标兵线起为10公里，通过第四标兵后为10—15公里。各装备方队的指挥员应当站立于指挥车上，坦克、步兵战车（装甲输送车、伞兵突击车）的乘员（除一炮手、驾驶人员外）和载员应当站在自己的位置上；汽车打开驾驶室右门玻璃窗，坦克、步兵战车（装甲输送车、伞兵突击车）开窗驾驶。

听到"向右——看"的口令后，队列人员（除驾驶人员、一炮手外）下颌上仰约30度并向右转头不超过45度注视阅兵首长，指挥员行举手礼，其他人员行注目礼，此时，阅兵台首长应当行举手礼。听到"向前——看"的口令后，队列人员（除驾驶人员、一炮手外）礼毕，将头转正。

标兵就位和撤收的时机、方法由阅兵指挥确定。

（四）师级以上部队组织阅兵时，持受阅部队最高单位的军旗；不同军兵种团级以上部队联合阅兵时，分别持各军兵种团级以上建制部队最高单位的军旗。均不统一组织迎送军旗。乘车受阅时，将军旗插在指挥车上（坦克、步兵战车、装甲输送车或者伞兵突击车插在指挥塔门右侧，汽车插在前车厢板的中央）。

（五）阅兵首长通常在阅兵式结束后讲话。

（六）武器携带方式由阅兵指挥规定；其他动作，参照旅阅兵的规定实施。

第六十六条 其他部队和军队院校等单位的阅兵，应当根据具体情况，编组受阅分队（相当于连的规模），参照本条令第六十四条、第六十五条的规定实施。

第三节　海上阅兵和码头阅兵

第六十七条 阅兵权限

海上阅兵和码头阅兵，由党和国家领导人、中央军委主席、副主席、委员及军级以上单位军政主官或者上述人员授权的指挥员实施；通常由一人检阅。

第六十八条　阅兵组织指挥

组织海上阅兵和码头阅兵，应当建立相应的指挥机构，设阅兵指挥和副指挥（必要时设阅兵总指挥和副总指挥），负责阅兵的组织指挥。成建制阅兵时，由受阅部队最高首长担任指挥；不同建制部队参加阅兵时，由上级指定的首长担任指挥；多个军兵种部队联合参加阅兵时，由有关联合指挥机构的最高首长或者上级指定的首长担任指挥。阅兵指挥陪阅时，由阅兵副指挥接替其指挥。

第六十九条　海上阅兵的组织实施

海上阅兵，分为阅兵式和分列式。

海上分列式程序：

（一）分列式准备

受阅舰艇编队队形，按照先潜艇后水面舰艇、先作战舰艇后勤务舰艇、先大舰后小舰的顺序成单纵队排列，或者由阅兵指挥确定；与来访舰艇举行海上联合阅兵时，按照我方潜艇、外方潜艇、我方水面作战舰艇、外方水面作战舰艇、我方勤务舰艇、外方勤务舰艇的顺序成单纵队排列，或者通过协商确定。导弹快艇等高速舰艇通常排列在受阅编队最后。

受阅舰艇悬挂代满旗和欢迎旗组；组织舰员按照规定分区列队。

（二）阅兵首长接受阅兵指挥报告

阅兵舰艇到达预定海域后，阅兵指挥行至适当位置向阅兵首长敬礼，待首长还礼后礼毕并报告："×××（职务）同志，受阅部队准备完毕，请您检阅"；待首长指示后，下达"分列式，开始"的口令，尔后回到预定位置陪同检阅。

（三）接受首长检阅

受阅舰艇编队按照预定的航向、航速、队形、间距依次通过阅兵舰艇接受检阅。当阅兵舰艇位于受阅舰艇舷角 45 度时，受阅舰艇信号兵鸣笛一长声，舰长下达"敬礼"的口令，队列人员立正，面向阅兵舰艇，向阅兵首长行举手礼，目迎目送；阅兵舰艇信号兵鸣笛一长声还礼，阅兵首长问候："同志们好！"或者"同志们辛苦了！"，队列人员应当齐声洪亮地回答："首——长——好！"或者"为——人民——服务！"；受阅舰艇过正横后，阅兵舰艇鸣笛两短声礼毕；阅兵舰艇位于受阅舰艇舷角135度时，受阅舰艇信号兵鸣笛两短声，舰长下达"礼毕"的口令，队列人员礼毕并跨步站立。导弹快艇等不组织舰员分区列队的受阅舰艇，不执行鸣笛敬礼。

中央军委主席阅兵问候："同志们好！"或者"同志们辛苦了！"，队列人员应当齐声洪亮地回答："主——席——好！"或者"为——人民——服务！"。

(四) 检阅结束

最后一艘受阅舰艇过阅兵舰艇舷角135度时；阅兵指挥向阅兵首长报告阅兵结束，尔后陪同首长返回舱室或者视察舰艇。

海上阅兵式，受阅舰艇按照规定的序列和队形在海上列队。阅兵首长乘坐阅兵舰艇检阅受阅舰艇。

第七十条　码头阅兵的组织实施

码头阅兵，受阅舰艇按照规定的序列和队形，停泊在码头的指定位置；阅兵首长通常乘车检阅受阅舰艇。

受阅舰艇的队形，通常根据阅兵的目的、海域（码头）条件和舰艇种类、数量等情况确定；受阅舰艇的编队，通常按照先潜艇后水面舰艇、先作战舰艇后勤务舰艇的顺序确定。

阅兵程序：

（一）阅兵准备

阅兵当日受阅舰艇应当组织隆重升国旗，并悬挂满旗和欢迎旗组；组织舰员按照规定分区列队。

（二）阅兵首长接受阅兵指挥报告

当首长行至阅兵起始处适当位置时或者在阅兵台就位后，阅兵指挥下达"立正"的口令，随后行至距首长5—7步处，向阅兵首长行举手礼，待首长还礼后礼毕并报告；报告后，引导阅兵首长登车。

（三）接受首长检阅

首长乘车阅兵时，阅兵指挥乘车在首长车的外后侧（首长车距离码头边沿约5米，指挥车位首长车外后侧，横向间距2米，纵向间距2—5米，时速10—15公里）陪阅。当首长车位于受阅舰艇舷角45度（135度）时，受阅舰艇信号兵鸣笛一长声，舰长下达"敬礼"的口令，队列人员面向首长行举手礼，目迎目送；首长问候："同志们好!"或者"同志们辛苦了!"，队列人员应当齐声洪亮地回答："首——长——好!"或者"为——人民——服务!"；当首长车位于受阅舰艇舷角135度（45度）时，受阅舰艇信号兵鸣笛两短声，舰长下达"礼毕"的口令，队列人员礼毕。

中央军委主席阅兵问候："同志们好!"或者"同志们辛苦了!"，队列人员应当齐声洪亮地回答："主——席——好!"或者"为——人民——服务!"。

（四）检阅结束

检阅结束后，阅兵车按照预定路线驶离阅兵现场。

首长徒步阅兵时，参照上述规定执行。

第四节 空中阅兵

第七十一条 阅兵权限

空中阅兵，由党和国家领导人、中央军委主席、副主席、委员及军级以上单位军政主官或者上述人员授权的指挥员实施；通常由一人检阅。

空中阅兵通常与陆上阅兵或者海上阅兵结合进行。

第七十二条 阅兵组织指挥

结合陆上阅兵或者海上阅兵组织空中阅兵，在阅兵联合指挥机构领导下，由空中梯队指挥机构（空中指挥员）负责阅兵的组织指挥。

单独组织空中阅兵，应当建立相应的指挥机构，设阅兵指挥和副指挥，负责阅兵的组织指挥。

第七十三条　空中阅兵的组织实施

（一）阅兵准备

1. 受阅机场

受阅飞机（直升机）原则上集中部署，通常同一梯队集中部署于同一机场，同一机型集中部署于同一机场，或者同一部队集中部署于同一机场。空中各梯队应当预选必要的备降机场和机动机场。

2. 基准航线设置

空中阅兵应当设置基准航线，由加入点、调整点、受阅点、退出点连成直线构成。基准航线的方向与阅兵台朝向垂直，在阅兵首长视野正前方由左至右通场。受阅点位置远近适宜，保证良好的通视效果，通常在阅兵台正前方400米至1000米之间。加入点至调整点之间的距离、调整点至受阅点之间的距离、受阅点至退出点之间的距离，按照军兵种有关规定执行。

（二）阅兵首长接受空中指挥员报告

空中梯队先头通过受阅点时，空中指挥员

可以通过无线电台、视频传输等地空通信设备，向阅兵首长报告："×××（职务）同志，空中梯队请您检阅"。

（三）接受首长检阅

1. 受阅航空兵的编队

受阅航空兵的编队，通常按照先固定翼飞机后直升机、先作战飞机（直升机）后支援保障飞机（直升机）的顺序确定，以梯队、中队形式通过阅兵台。

2. 受阅航空兵的队形

受阅航空兵的队形，根据阅兵的目的、空域条件和飞机（直升机）种类、数量等情况确定。通常以楔队、箭队、菱形队、横队等对称队形为主，也可以使用左（右）楔队、梯队队形或者单机；根据阅兵主题，可以增设挂旗、字样等队形。

3. 编队内间隔距离

编队内间隔距离，由阅兵指挥机构根据实际确定。

4. 受阅动作设置

根据阅兵主题需要，受阅航空兵可以设置拉彩烟、打红外弹、开弹舱、放尾钩等展示动作。拉彩烟动作，通常在空中梯队出场和末尾时由固定翼飞机实施；当拉烟飞机处于出场位置时，应当在较低高度飞行。打红外弹动作，通常由空中阅兵末尾中队实施。飞机开弹舱、放尾钩等动作，由整梯队或者整中队一同实施，通常在加入基准航线前完成，退出基准航线后结束。

（四）检阅结束

空中梯队末尾通过受阅点 2 公里后或者拉彩烟、打红外弹等动作结束后，空中阅兵结束，各编队由退出点沿预定航线返航着陆。

结合海上阅兵进行空中阅兵时，飞机（直升机）以与受阅舰艇相同的航向和预定的队形、高度、顺序，从舰艇编队上空通过，接受检阅。

第七章 仪 式

第七十四条 基本规范

仪式是队列生活的重要内容，是军队正规化的重要体现。仪式的组织实施，遵守下列规定：

（一）仪式的程序应当紧凑流畅，现场设置应当与仪式主题协调一致；

（二）仪式的场地应当便于部队集中，如受天气、环境等条件限制，可以因地制宜；

（三）举行仪式应当在显著、恰当位置张挂仪式会标，会标用语应当规范、简洁；

（四）参加仪式人员的着装应当符合仪式主题，由举行仪式的单位依据《中国人民解放军内务条令》有关要求确定；

（五）举行仪式应当按照规定奏唱曲目，奏唱国歌、军歌、军种军歌等曲目时，全体人员起立并立正，随乐曲或者指挥高声齐唱；

（六）仪式中的讲话、发言应当主题鲜明、

言简意赅，通常不超过5分钟；

（七）举行仪式的单位应当根据仪式的性质、目的，明确任务分工，加强协调配合。

第七十五条 升国旗仪式

军队单位在节日、纪念日或者组织重要活动时，可以举行升国旗仪式。

举行升国旗仪式，按照下列程序进行：

（一）仪式开始；

（二）升国旗，奏唱国歌；

（三）向国旗敬礼；

（四）仪式结束。

升国旗仪式开始前，主持人向首长报告，待首长指示后，宣布仪式开始，司号员吹《升旗号》；号声完毕，掌旗员扛旗，护旗兵位于掌旗员两侧，正步或者齐步行进至旗杆下，掌旗员将国旗交给护旗兵，协力将国旗套（挂）在旗杆绳上并固紧；国歌奏响的同时，升国旗；升国旗时，掌旗员将国旗抛展开，由护旗兵协力将旗升至旗杆顶；听到"向国旗——敬礼——"的口令后，在场军人行举手礼（不便于行举手礼的，行注目礼），注视国旗上升至旗杆顶；国歌毕，听到"礼毕"的口令后，全体人员礼毕；升国旗仪式结束时，主持人向首长报告，待首长指示后，命令部队按照规定的顺序、路线带回。

降旗时，司号员吹《降旗号》，掌旗员、护旗兵按照本条令第五十四条规定的动作要领执行。

第七十六条　誓师大会仪式

旅级以上单位执行作战或者其他重大任务前，可以举行誓师大会仪式。

举行誓师大会仪式，通常按照下列程序进行：

（一）仪式开始；

（二）奏唱国歌；

（三）宣布命令；

（四）任务部队代表讲话；

（五）其他代表致辞；

（六）首长讲话；

（七）集体宣誓；

（八）奏唱军歌；

（九）仪式结束。

仪式现场可以悬挂军徽或者军兵种特色标识、战斗标语，插荣誉旗帜等。

司号员吹《出征号》，主持人宣布仪式开始。宣布命令，以宣布任务命令指示为主，也可以结合实际需要同时宣布表彰奖励命令；任务部队代表讲话，可以宣读决心书，也可以宣读挑战书、应战书。举行誓师大会仪式，可以视情邀请地方领导、官兵家属参加、致辞。集体宣誓时，由一名领誓人在队前逐句领读誓词，其他人高声复诵。

团级以下单位举行誓师大会仪式，可以根据实际简化程序。

第七十七条　码头送行、迎接任务舰艇仪式

舰艇执行海上护航、出国访问、联合军演、援外活动等具有国际影响的重大任务时，可以举行码头送行、迎接任务舰艇仪式。

举行码头送行任务舰艇仪式，通常按照下列程序进行：

（一）仪式开始；

（二）奏唱国歌；

（三）地方领导致辞；

（四）部队首长讲话；

（五）奏唱军歌；

（六）向首长请示启航；

（七）舰艇离码头；

（八）仪式结束。

仪式开始前，任务舰艇组织舰员分区列队；在码头面向舰艇设站席主席台和任务官兵亲属、送行官兵、军乐队就位区，送行首长和军地领导以及编队指挥员或者舰长、政治委员在主席台就位；军乐队奏《仪式曲》，主持人宣布仪式开始；向首长请示启航后，奏《欢送进行曲》。

举行码头迎接任务舰艇仪式，通常按照下

列程序进行：

  （一）仪式准备；

  （二）奏《欢迎进行曲》；

  （三）向首长报告返航；

  （四）向编队指挥员或者舰长、政治委员献花；

  （五）仪式正式开始；

  （六）奏唱国歌；

  （七）地方领导致辞；

  （八）部队首长讲话；

  （九）奏唱军歌；

  （十）仪式结束。

  仪式开始前，任务舰艇组织舰员分区列队；任务舰艇驶近码头时，军乐队奏《欢迎进行曲》；分区列队舰员和码头欢迎人员听令挥手致意，舰艇带上第一根系缆时停止挥手；向首长报告返航后，奏《人民军队忠于党》，编队指挥员或者舰长、政治委员接受献花；奏《仪式曲》，主持人宣布仪式开始。

第七十八条 凯旋仪式

部队圆满完成作战任务或者其他重大军事任务归建时，可以举行凯旋仪式。

举行凯旋仪式，通常按照下列程序进行：

（一）仪式准备；

（二）奏《欢迎进行曲》；

（三）任务部队指挥员向首长报告；

（四）向任务部队代表献花；

（五）仪式正式开始；

（六）奏唱国歌；

（七）地方领导致辞；

（八）部队首长讲话；

（九）奏唱军歌；

（十）仪式结束。

凯旋仪式通常在部队驻地的车站、机场、码头等场所举行。仪式现场可以在适当位置设置"凯旋门"（标兵持枪分列于"凯旋门"前两侧，欢迎队伍分列于"凯旋门"后两侧）。司号员吹《凯旋号》，任务部队指挥员向首长报告。向任务部队代表献花时，通常安排地方群众代表献花。

第七十九条　授装仪式

授装仪式，通常由旅、团级单位组织实施。举行授装仪式，通常按照下列程序进行：

（一）仪式开始；

（二）奏唱军歌；

（三）宣读授装命令；

（四）授装、接装；

（五）宣读接装誓词；

（六）首长讲话；

（七）仪式结束。

授装仪式应当列队举行。播放《仪式曲》，主持人宣布仪式开始。授装首长宣布授装命令后，播放《荣誉曲》，接装首长出列至授装首长前适当位置，向授装首长行举手礼；授装首长将授装证书授予接装首长；接装首长双手接授装证书，向后转，向接装部队列队人员展示证书后入列。接装时，接装部队指定装备战斗编组，列队行进至新列装装备前适当位置，成一列横队立正；待接装首长下达"接装"口令时，装备战斗编组分别进入装备各战位，编组人员按照本条令第六十五条相关规定就位。

授枪时，应当举行授枪仪式。授枪仪式通常以连为单位组织，参照授装仪式的程序实施。授枪、接枪时，授枪首长呼点被授枪人员姓名，被授枪人员答"到"并出列至授枪首长前适当位置，向授枪首长行举手礼；授枪首长将枪授予被授枪人员，并高声呼点被授枪人员姓名、枪支型号和编号；被授枪人员双手接枪，携枪成立正姿势，听到"入列"的口令后入列。

舰艇、飞机、导弹等大型装备授装仪式由军兵种规定。

第八十条 舰艇入列、退役仪式

舰艇入列、退役仪式，由旅级以上单位组织实施，通常在舰艇停泊的码头举行，也可以在舰艇甲板、机库举行。

举行舰艇入列仪式，通常按照下列程序进行：

372

（一）仪式开始；

（二）升国旗，奏唱国歌；

（三）宣布入列命令；

（四）授予军旗；

（五）部队首长讲话；

（六）授旗首长讲话；

（七）奏唱军歌；

（八）仪式结束。

仪式开始前，按照规定在舰艇甲板适当位置设舰艇仪仗队，必要时设码头军乐队，码头参加仪式的人员在指定区域就位。播放《仪式曲》，主持人宣布仪式开始。不具备码头升国旗条件的，可以只奏唱国歌；仪式开始前将国旗系在主桅旗绳上，待授旗后由舰艇组织升国旗（不奏国歌）。如安排宣读贺电、贺信，在部队首长讲话之前进行。邀请驻地政府、舰艇命名城市、有关单位领导参加仪式时，如安排互赠纪念品，在授旗之后进行；如安排致辞，在授旗首长讲话之前进行。

举行舰艇退役仪式，通常按照下列程序进行：

（一）仪式开始；

（二）奏唱国歌；

（三）宣读舰艇退役命令；

（四）退役舰艇首长讲话；

（五）首长讲话；

（六）移交军旗；

（七）奏唱军歌；

（八）仪式结束。

举行舰艇退役仪式当日的升旗时间，组织隆重升国旗。仪式开始前，参加仪式的人员按照规定位置就位；首长登舰时，执行相应等级的迎接首长舰艇礼仪。播放《仪式曲》，主持人宣布仪式开始。

多艘舰艇同时举行入列、退役仪式，参照本条规定执行。

第八十一条　组建仪式

团级以上单位举行组建仪式，通常按照下列程序进行：

（一）仪式开始；

（二）奏唱国歌；

（三）宣读组建命令；

（四）授予军旗；

（五）组建单位首长讲话；

（六）授旗首长讲话；

（七）奏唱军歌；

（八）仪式结束。

播放《仪式曲》，主持人宣布仪式开始。授予军旗时，根据实际可以组织迎军旗、送军旗，按照本条令第五十六条、第五十七条、第五十八条的规定执行。邀请地方政府、有关单位领导参加仪式时，如安排互赠纪念品，在授旗之后进行；如安排致辞，在授旗首长讲话之前进行。

中央军委组织的组建仪式，按照有关规定执行。

第八十二条　转隶交接仪式

军队建制单位改变领导管理关系时，可以

举行转隶交接仪式，由移交、接收单位的共同上级机关或者其授权的机关（监交方）组织实施。

举行转隶交接仪式，通常按照下列程序进行：

（一）仪式开始；

（二）奏唱军歌；

（三）宣读转隶命令；

（四）交接文书签字；

（五）转隶单位首长讲话；

（六）移交单位首长讲话；

（七）接收单位首长讲话；

（八）上级首长讲话；

（九）奏唱《三大纪律八项注意歌》；

（十）仪式结束。

播放《仪式曲》，主持人宣布仪式开始。交接文书签字时，移交单位、接收单位、监交方代表向主席台首长敬礼后，在签字席就座签字（监交方位中间，移交单位位监交方左侧，接收单位位监交方右侧）；签字完毕后起立，三方相互敬礼、交换移交文书，面向主席台首长敬礼后，离开签字席，回到原座位。

第八十三条 晋升（授予）军衔仪式

举行晋升（授予）军衔仪式，通常按照下列程序进行：

（一）仪式开始；

（二）奏唱国歌；

（三）宣读晋升（授予）军衔命令；

（四）颁发晋升（授予）军衔命令状；

（五）更换（佩戴）军衔标志服饰；

（六）奏唱军歌；

（七）仪式结束。

播放《仪式曲》，主持人宣布仪式开始。颁发晋升（授予）军衔命令状时，播放《人民军队忠于党》，首长齐步行进至主席台前方中间位置站立，晋升（授予）军衔人员依次齐步行进至首长面前，向首长行举手礼，首长还礼后，与晋升（授予）军衔人员握手，向晋升

（授予）军衔人员颁发晋升（授予）军衔命令状，晋升（授予）军衔人员双手接过命令状后，成立正姿势（左手持命令状，自然下垂），再次向首长行举手礼，首长还礼后，再次与晋升（授予）军衔人员握手，并与晋升（授予）军衔人员（站在首长左侧，右手掌心向上、四指扶命令状成立正姿势，命令状正面朝前）合影留念。晋升（授予）军衔人员自行齐步行进至会场外更换军衔标志服饰，首长返回主席台。晋升（授予）军衔人员更换（佩戴）军衔标志服饰后，播放《荣誉曲》，晋升（授予）军衔人员集体返回会场，齐步行进至主席台前，分别向位主席台的领导和主席台下与会人员行举手礼，尔后统一向左（右）转，齐步回到原位。仪式结束后，首长与晋升（授予）军衔人员集体合影留念。

举行晋升（授予）军衔仪式，可以邀请军人亲属参加。

晋升（授予）军衔仪式与宣布命令会议一

并举行时，按照有关规定执行。

第八十四条　首次单飞、停飞仪式

飞行学员符合首次单飞条件的，可以举行首次单飞仪式，通常由飞行院校组织实施。达到飞行最高年龄或者有突出贡献的飞行人员停飞时，可以举行停飞仪式，通常由旅、团级单位组织实施。

举行首次单飞仪式，通常按照下列程序进行：

（一）仪式开始；

（二）奏唱军歌；

（三）颁发首次单飞证书；

（四）向首次单飞人员献花；

（五）首次单飞人员代表讲话；

（六）飞行教官代表讲话；

（七）首长讲话；

（八）奏唱军种军歌；

（九）仪式结束。

播放《仪式曲》，主持人宣布仪式开始。

举行首次单飞仪式，可以邀请首次单飞人员的亲属参加。首次单飞证书，由军兵种统一制作。

举行停飞仪式，通常按照下列程序进行：

（一）仪式开始；

（二）奏唱军歌；

（三）宣读停飞命令；

（四）停飞人员向战机告别；

（五）向停飞人员献花；

（六）停飞人员代表讲话；

（七）首长讲话；

（八）奏唱军种军歌；

（九）仪式结束。

播放《仪式曲》，主持人宣布仪式开始。宣读停飞命令后，停飞人员通常先向战机敬礼告别，再向在飞人员移交飞行头盔，然后接受献花（可以安排停飞人员的亲属或者所在单位同事献花）。

第八十五条　开学、毕业典礼仪式

军队院校在每学年开学时，应当举行开学

典礼仪式；在学员毕业时，应当举行毕业典礼仪式。开学、毕业典礼仪式通常在室内举行，也可以在广场、操场等室外举行。

举行开学典礼仪式，通常按照下列程序进行：

（一）仪式开始；

（二）奏唱国歌；

（三）学员代表发言；

（四）教员（教官）代表发言；

（五）首长讲话；

（六）奏唱军歌；

（七）仪式结束。

播放《仪式曲》，主持人宣布仪式开始。举行有新入学生长军官学员参加的开学典礼仪式时，在学员代表发言后、教员（教官）代表发言前，可以安排一名新学员家长代表发言。在广场、操场等室外举行开学典礼仪式时，可以在仪式开始后组织升国旗。

举行毕业典礼仪式，通常按照下列程序

进行：

（一）仪式开始；

（二）奏唱国歌；

（三）宣读命令、决定、通知等；

（四）颁发证书；

（五）授予学位；

（六）学员代表发言；

（七）教员（教官）代表发言；

（八）首长讲话；

（九）奏唱军歌；

（十）仪式结束。

授予学位，可以与毕业典礼一并举行。播放《仪式曲》，主持人宣布仪式开始。宣读命令、决定、通知等，通常宣读毕业命令、授予学位决定、定职定衔通知、奖励通令等。颁发证书，可以先颁发优秀学员证书，再颁发毕业证书；人数较多时，可以颁发给学员代表。研究生学员授予学位，通常与毕业典礼一并举行。学员在现场组织者的指挥下，齐步行进至主席台适当位置，由院（校）主要领导或者院（校）学位评定委员会主席逐个颁授学位证书。

军队院校学员结业时间与毕业时间一致的，结业典礼可以与毕业典礼一并举行。结业典礼与毕业典礼一并举行时，通常不组织授予学位。单独组织授予学位或者单独组织结业典礼，参照本条有关规定执行。

军委领导，军兵种、军委直属单位主要领导出席毕业典礼仪式，可以结合实际组织实施。

举行开学、毕业典礼仪式，可以邀请学员亲属参加。

其他担负培训任务的单位举行开学、毕业典礼仪式，参照本条有关规定执行。

第八十六条　军人退役仪式

举行军人退役仪式，通常按照下列程序进行：

（一）仪式开始；

（二）奏唱国歌；

（三）迎军旗；

（四）宣读军人退役命令；

（五）退役军人代表讲话；

（六）首长讲话；

（七）退役军人宣誓、向军旗告别；

（八）送军旗；

（九）奏唱军歌；

（十）仪式结束。

士兵退役仪式，通常以连（营、旅）为单位组织实施。军官退役仪式，由团级以上单位根据本单位情况组织实施。播放《仪式曲》，主持人宣布仪式开始。组织迎军旗、送军旗，按照本条令第五十七条、第五十八条的规定执行；不具备条件的单位，可以不组织迎军旗、送军旗。向军旗告别时，所有退役军人向军旗敬礼；没有授予军旗的单位可以使用军徽。

第八十七条 功勋荣誉表彰颁授仪式

举行功勋荣誉表彰颁授仪式，通常按照下列程序进行：

（一）仪式开始；

（二）奏唱国歌；

（三）宣读功勋荣誉表彰命令、通令、通
报、决定；

（四）颁发荣誉标识；

（五）奏唱军歌；

（六）仪式结束。

播放《荣誉曲》，主持人宣布仪式开始。
颁发荣誉标识时，获得功勋荣誉表彰的人员或
者单位代表齐步行进至主席台适当位置，转向
首长成立正姿势，行举手礼；首长还礼后，双
手将荣誉标识颁发给获得功勋荣誉表彰的人员
或者单位代表；获得功勋荣誉表彰的人员或者
单位代表双手接过荣誉标识，成立正姿势行举
手礼（左手持荣誉标识，自然下垂）或者注目
礼（双手掌心向上，四指扶荣誉标识，小臂向
前端平，荣誉标识正面朝前）；待首长还礼后，
向后转，面向主席台下方参加仪式人员行举手
礼或者注目礼，尔后统一向左（右）转，齐步
返回指定位置。获得功勋荣誉表彰的人员或者
单位代表较多时，可以列队分批次颁授。举行

功勋荣誉表彰颁授仪式，可以邀请获得功勋荣誉表彰人员的亲属参加。

第八十八条　建军节庆祝仪式

团级以上单位可以举行建军节庆祝仪式。

举行建军节庆祝仪式，通常按照下列程序进行：

（一）仪式开始；

（二）奏唱国歌；

（三）迎军旗；

（四）集体宣誓；

（五）首长讲话；

（六）送军旗；

（七）奏唱军歌；

（八）仪式结束。

播放《仪式曲》，主持人宣布仪式开始。组织迎军旗、送军旗，按照本条令第五十七条、第五十八条的规定执行。集体宣誓时，可以重温军人誓词。

举行建军节庆祝仪式，可以邀请地方单位

代表参加；仪式结束后，可以视情组织装备展示、参观军史馆、慰问演出等活动。

军兵种成立纪念日庆祝仪式的组织实施，参照本条规定执行。

第八十九条　纪念仪式

举行纪念仪式，通常按照下列程序进行：

（一）仪式开始；

（二）礼兵就位；

（三）奏唱国歌；

（四）敬献花篮；

（五）开展主题活动；

（六）行鸣枪礼；

（七）仪式结束。

纪念仪式通常在纪念广场、烈士陵园等场所举行。敬献花篮时，奏《献花曲》，抬花篮礼兵抬起花篮礼步行至规定的位置，摆放花篮并在适当位置成立正姿势。开展主题活动时，应当按照纪念仪式的主题和要求，组织致敬、宣誓、演讲等。

鸣枪礼的组织实施，按照本条令第九十三条的规定执行。

第九十条　迎接烈士仪式

举行迎接烈士仪式，通常按照下列程序进行：

（一）仪式开始；

（二）整理棺椁；

（三）奏国歌；

（四）向烈士敬献花环；

（五）向烈士三鞠躬；

（六）首长讲话；

（七）起灵；

（八）仪式结束。

仪式开始前，参加仪式的人员按照规定位置就位。仪式开始时，标兵就位，成挂枪立正姿势，礼兵齐步或者跑步行进至指定位置，奏《思念曲》；向烈士敬献花环时，花环置于棺椁前端；起灵时，奏《思念曲》，全体人员按照统一口令向烈士敬礼，烈士灵柩登车后，礼毕。

第九十一条 军人葬礼仪式

团级以上单位可以为参战、参训和执行其他重大军事任务牺牲的军人，举行军人葬礼仪式。

举行军人葬礼仪式，通常按照下列程序进行：

（一）仪式开始；

（二）奏国歌；

（三）向牺牲军人默哀一分钟；

（四）致悼词；

（五）向牺牲军人三鞠躬；

（六）行鸣枪礼；

（七）安葬；

（八）仪式结束。

参加仪式的人员按照规定着装，白花等哀悼标志佩戴于左胸适当位置（勋表下方）。仪式开始前，礼兵在规定位置就位。主持人宣布仪式开始，司号员吹《哀悼号》。听到"默哀"或者"鞠躬"的口令，参加仪式的人员脱帽低

389

头静默或者行鞠躬礼。

牺牲军人棺椁覆盖国旗。

第九十二条　迎外仪仗仪式

举行迎外仪仗仪式，通常按照下列程序
进行：

（一）仪式开始；

（二）军乐队、红旗队、仪仗队依次入场；

（三）主宾入场；

（四）奏国歌；

（五）仪仗队执行队长向主宾报告；

（六）主宾在我方领导陪同下检阅仪仗队；

（七）分列式；

（八）主宾离场；

（九）仪仗队、红旗队、军乐队依次离场；

（十）仪式结束。

根据任务需要和场地条件，可以不设红旗
队，也可以不组织分列式。

仪仗队入场后，执行队长位于仪仗队中央
正前方，面向检阅台，成立正姿势。主宾和我方领导行至检阅台，军乐队奏国歌。军乐队奏国歌完毕，执行队长下达"向右看——敬礼"的口令，仪仗队队员行举枪礼，分队长行举刀礼（举刀时，右手取捷径迅速将刀举到身前，刀锋向左，刀身垂直于地面，右手与下颌同高，距离下颌15厘米；左手握刀鞘，右臂自然撑起成举刀立正姿势；同时行注目礼），护旗兵行注目礼；执行队长向主宾和我方领导行举刀礼后报告。检阅时，军乐队奏《检阅进行曲》，仪仗队队员目迎目送主宾，执行队长在我方领导右后方2—3米处陪同检阅。检阅完毕，执行队长返回指挥位置；当主宾向执行队长施礼时，还举刀礼。分列式开始时，军乐队奏《分列式进行曲》，仪仗队在执行队长指挥下正步行进接受检阅。

举行迎外仪仗仪式的场所，仪仗队、红旗队的编成等，参照有关规定执行。

按照外事任务规格要求，迎外仪仗仪式中需要鸣放礼炮的，按照有关规定执行。

第九十三条 鸣枪礼的组织实施

鸣枪礼通常由团级以上单位结合实际组织实施。鸣枪礼兵数量通常为12—50人，具体人数、队形根据环境和场地等情况确定；枪械、弹药应当使用所在部队配发的自动步枪和空包弹，动用前履行规定的审批手续。

鸣枪礼主要包括以下步骤：鸣枪礼兵双手持自动步枪成挂枪立正姿势（不使用背带，左手握护木或者护手、护盖）列队。指挥员下达"举枪"的口令后，鸣枪礼兵左脚顺脚尖方向向前1步，举枪约45度，枪口向左约30度，打开保险。指挥员逐次下达"预备——放"的口令，鸣枪礼兵依口令以单发形式击发，集体鸣枪12次（军人葬礼仪式鸣枪3次）。鸣枪完毕后，指挥员下达"收枪"的口令，鸣枪礼兵关保险，收脚的同时收枪，成挂枪立正姿势。

第九十四条 本章规定的仪式需要司号员吹号的，未编配司号员的单位可以不吹号。

第九十五条 其他仪式的组织实施，按照军队有关规定执行。

第八章 附   则

第九十六条 中国人民武装警察部队适用本条令。

第九十七条 军队文职人员的队列生活，参照本条令有关规定执行。

第九十八条 战时，部队指挥员可以根据作战需要，对本条令规定的队列生活有关事项进行调整。

第九十九条 经中央军委批准，中国人民解放军仪仗司礼大队的队列动作（口令）可以作出适当调整。

第一百条 本条令自 2025 年 4 月 1 日起施行。2018 年 4 月 4 日中央军委发布的《中国人民解放军队列条令（试行）》同时废止。

附件一　队列口令的分类、下达的基本要领和呼号的节奏

一、口令分类

口令，是队列训练和日常列队时指挥员下达的口头命令。根据下达方法的不同，可以分为以下四种：

1. 短促口令。其特点是：只有动令，不论几个字，中间不拖音、不停顿，通常按照音节（字数）平均分配时间，有时最后一个字稍长，发音短促有力。如："停"、"报数"、"放背包"、"验枪完毕"等。

2. 断续口令。其特点是：预令和动令之间有停顿（微歇）。如："第×名，出列"等。

3. 连续口令。其特点是：预令的拖音与动令相连，有时预令与动令之间有微歇。预令拖音稍长，其长短视部队（分队）大小而定；动令短促有力。如："立——定"、"向右——转"等。有的口令，预令和动令都有拖音。如："向军旗——敬礼——"等。

394

4. 复合口令。兼有断续口令和连续口令的特点。如："以×××为准，向中看——齐"、"右后转弯，齐步——走"等。

二、下达口令的基本要领

1. 发音部位要正确。下达口令用胸音或者腹音。胸音（即胸膈膜音）多用于下达短促口令；腹音（即由小腹向上提气的丹田音）多用于下达带拖音的口令。

2. 掌握好音节。下达口令要有节拍，预令、动令和微歇有明显的节奏，使队列人员能够听得清晰。

3. 注意音色，音量不要平均分配。下达口令通常起音要低，由低向高拔音。如："向右看——齐"，"齐"字发音要高。

4. 突出主音。下达口令时，把重点字的音量加大。如："向后——转"要突出"后"字，"向前×步——走"要突出数字。

三、呼号的节奏（2/4 拍）

｜一 0｜二 0｜三 0｜四 0｜

｜ 一 二 ｜ 三 0 ｜ 四 0 ｜ 0 0 ｜
｜ 一 二 ｜ 0 0 ｜ 三 四 ｜ 0 0 ｜
｜ 一 0 ｜ 二 0 ｜ 三 四 ｜ 0 0 ｜